U0498582

传递价值

面向资源共享与公共服务的
城市物流共享配送平台研究

覃兆祥◎著

西南财经大学出版社

中国·成都

图书在版编目(CIP)数据

面向资源共享与公共服务的城市物流共享配送平台研究/覃兆祥著.—
成都:西南财经大学出版社,2024.6

ISBN 978-7-5504-6207-6

Ⅰ.①面… Ⅱ.①覃… Ⅲ.①城市—物流—物资配送—研究
Ⅳ.①F252

中国国家版本馆 CIP 数据核字(2024)第 106141 号

面向资源共享与公共服务的城市物流共享配送平台研究

MIANXIANG ZIYUAN GONGXIANG YU GONGGONG FUWU DE CHENGSHI WULIU GONGXIANG PEISONG PINGTAI YANJIU

覃兆祥 著

责任编辑:王 琴
助理编辑:马安妮
责任校对:高小田
封面设计:墨创文化
责任印制:朱曼丽

出版发行	西南财经大学出版社(四川省成都市光华村街55号)
网 址	http://cbs.swufe.edu.cn
电子邮件	bookcj@ swufe.edu.cn
邮政编码	610074
电 话	028-87353785
照 排	四川胜翔数码印务设计有限公司
印 刷	郫县犀浦印刷厂
成品尺寸	170 mm×240 mm
印 张	10.5
字 数	173 千字
版 次	2024 年 6 月第 1 版
印 次	2024 年 6 月第 1 次印刷
书 号	ISBN 978-7-5504-6207-6
定 价	66.00 元

前言

　　这是一本关于城市物流共享配送平台的研究性专著，旨在探讨构建一个面向资源共享与公共服务的城市物流共享配送平台。笔者期望全面解决城市物流配送分散化、污染化、低效率的问题，通过建设多功能、一体化的物流配送中心，高速、便捷的城市终端配送渠道，以及自动化、智能化的无人值守小区驿站，打造能支撑高度商业化的新零售业态和完善的物流公共服务体系，从而推动建设环境优雅、宜家宜业的生态家园。本书为城市公共服务和城市物流管理领域的学术研究提供了新的理论视角，为实践中的城市物流管理和公共政策制定提供了实用的指导意见和决策支持，以提升城市物流运作的高效性并推动其可持续性发展。

　　本书的写作源于城市物流领域面临的一系列挑战和问题。随着城市化进程的加速和电子商务的兴起，城市物流压力不断增加，交通拥堵、环境污染等问题愈发突出。为了解决这些问题，笔者认为应当从更高层次的城市物流共享理念出发，在政府的参与与引导下在城市中建设统一的配送平台，把所有的城市物流纳入其中。然而，当前关于此类城市物流共享配送平台的研究和实践还相对较少，因此有必要进行深入的探讨和研究。

　　本书的内容主要包括城市物流共享配送平台的概述、运行机制、相关政策与法规、影响、发展与实践、挑战与对策等方面。通过对国内外城市物流共享配送平台的案例分析和理论研究，笔者力求提供全面、系统的理论指导和实践经验，以推动城市物流共享配送平台的发展与应用。

本书在编写过程中得到了中南财经政法大学工商管理学院董慈蔚教授的鼓励和指导，他认真审阅了各个章节的内容并提出了宝贵意见，在此表示衷心的感谢。同时，还要感谢那些在笔者的研究工作中提供帮助和支持的亲人和朋友，他们的宝贵意见和建议对本书的完善起到了重要的作用。此外，本书充分借鉴了近年来专家、学者们的研究成果，采集众家之长，限于篇幅不能一一注明标出，在此一并表示感谢。

衷心希望本书能够对城市物流共享配送平台的研究和实践产生积极的影响，并有助于提升城市物流运作的高效性，推动城市物流的可持续性发展，也期待读者能够从本书中获得启发，从而为构建资源共享与公共服务的城市物流系统做出更大的贡献。热切期待读者们的反馈和建议，以便能够不断改进和完善笔者的研究工作。

覃兆祥

2024 年 1 月

目录

1 引言

1.1 研究背景

　　随着城市化进程的不断加快和电子商务的发展，城市物流问题日益凸显，给城市的可持续发展和社会运行带来了巨大挑战。传统的物流模式造成了物流效率低下、交通拥堵、能源消耗和环境污染等问题，亟须进行创新和改革。在这样的背景下，建立城市物流共享配送平台成为解决城市物流难题的一种重要途径。

　　本书所说的城市物流共享配送平台是面向资源共享的，由政府出资或支持建造而成的一个公共服务平台。平台通过配送中心对进城和出城的所有物资进行统一的终端配送，努力打造更高级的资源共享模式和公共服务模式，不同的快递、物流企业将实现物流配送的共享，城市居民将获得更高效、便捷、环保的物流服务。这一模式的优势在于能够提高物流效率，降低物流成本，缓解交通拥堵，减少环境污染，改善城市居民的生活质量，为政府打造智慧城市添砖加瓦。

1.2 研究目的和研究意义

1.2.1 研究目的

　　本书的研究目的是通过深入探讨城市物流共享配送平台的理论与实

践，为城市物流领域的研究者和从业者提供实用的指导和启示。本书对城市物流共享配送平台的构建、运营和管理等方面进行了研究，旨在推动城市物流行业的创新发展，提升城市物流效率，提高城市居民的生活质量。

1.2.2 研究意义

本书的研究意义体现在以下几个方面：

（1）理论意义

对城市物流共享配送平台进行研究，可以丰富和完善城市物流管理理论，为城市物流领域的研究提供新的视角和思路。

（2）实践意义

城市物流共享配送平台的研究成果可以为城市物流企业和相关政府部门提供实用的指导建议和决策支持，帮助其更好地开展物流业务和管理城市物流。

（3）社会意义

通过提高物流效率、缓解交通拥堵和减少环境污染，城市物流共享配送平台可以为城市居民提供更好的物流服务，从而提升城市居民的生活质量。

1.3 国内外研究现状和进展

国内外城市物流共享配送平台的研究和实践已经取得了一些重要的成果，下面将对国内外的研究现状和进展进行综述。

在国外，一些发达国家和地区已经在城市物流共享配送平台方面进行了深入的研究和实践。例如，欧洲的一些城市如英国的布里斯托尔、德国的柏林和意大利的皮埃蒙特等，通过建立城市物流共享配送平台，成功解决了城市物流效率低下和环境污染等问题。这些平台整合不同企业的物流需求和资源，通过共享配送的方式，有效减少了货车数量和运输里程，从而缓解了交通拥堵，并减少了环境污染。同时，这些平台还提供了高效的信息系统和订单调度系统，为企业和消费者提供了便捷的物流服务。此外，一些发达国家还注重政策和法规的制定，旨在为城市物流共享配送平台的发展提供支持和保障。

在国内，城市物流共享配送平台的研究和实践也取得了一些进展。2012 年商务部提出"共同配送试点"后，一些大城市如北京、上海、广州等，通过建立城市物流共享配送平台，积极探索解决城市物流问题的途径。例如，北京通过建立"共享配送站"和"最后一公里"配送网络，有效提高了城市物流的效率和服务质量；上海则通过建立"城市货运枢纽"和"智能配送系统"，实现了货物的集中配送和智能调度。2019 年在试点取得重大效果后再扩大共同配送的试点。此外，一些研究机构和高校也在城市物流共享配送平台方面进行了有益的探索和实践，提出了一些有效的算法和模型，为城市物流共享配送平台的优化和改进提供理论支持。

然而，当前国内外关于城市物流共享配送平台的研究与实践还局限于单一的渠道、仓储、信息等方面的共享，鲜有面向公共服务的思想，鲜有从城市治理的角度去进行系统化思考，鲜有从智慧城市出发，把仓储、分拣、配送等多环节及分拣中心、分拣线、配送车辆、小区驿站等多设施、多设备的共享进行系统化整合。

因此，本书从智慧城市建设出发，提出构建一个面向资源共享与公共服务的城市物流共享配送平台，全面解决城市物流配送分散化、污染化、低效率的问题，面向城市公共服务，打造多功能、一体化的物流配送中心，高速便捷的城市终端配送渠道，以及自动化、智能化的无人值守小区驿站，从而支撑高度商业化的新零售业态，完善物流公共服务体系，打造环境优雅、宜家宜业的生态家园。

1.4 研究内容和结构安排

本书共 7 个章节，每一章节都聚焦于城市物流共享配送平台的不同方面。

第 1 章为引言。本章主要介绍了本书的研究背景，研究目的和研究意义，国内外研究现状和进展，以及研究内容和结构安排。

第 2 章为城市物流共享配送平台概述。本章主要介绍了城市物流共享配送平台的相关概念、主要特点、重要作用以及发展趋势，同时阐述了其与传统物流模式的区别和优势。

第 3 章为城市物流共享配送平台的运行机制。本章重点探讨了城市物流共享配送平台的组织与管理模式，以及配送中心、配送网络、小区自动收发快递驿站的建设与运营管理。

第 4 章为城市物流共享配送平台的相关政策与法规。本章研究了城市物流共享配送平台所涉及的政策与法规，主要包括低碳能源政策、共同配送政策和智慧城市政策，旨在发现这些政策对平台发展的影响和作用。

第 5 章为城市物流共享配送平台的影响。本章以资源共享和公共服务为视角，研究了城市物流共享配送平台对城市配送效率、资源节约与环境保护以及城市发展与居民生活品质的影响。

第 6 章为城市物流共享配送平台的发展与实践。本章在分析国内外城市共同配送的典型案例后，探讨了城市物流共享配送平台在发展和实践过程中的相关内容，如政府角色、企业参与和合作机制。最后，本章提出了关于城市物流共享配送平台的推广路径和运营策略，旨在为相关部门和企业提供决策支持。

第 7 章为城市物流共享配送平台的挑战与对策。本章分析了城市物流共享配送平台在发展过程中面临的挑战，并提出了提升其效能的对策与建议。

笔者希望通过本书的研究深入挖掘城市物流共享配送平台的潜力和价值，为城市物流行业的创新和可持续发展贡献一份力量。

2 城市物流共享配送平台概述

城市物流共享配送平台作为一种新型的物流模式，正逐渐成为提高城市物流效率和解决城市配送难题的重要手段。本章主要介绍了城市物流共享配送平台的概念与特点，以及它在城市发展中的重要作用和未来发展趋势。

2.1 城市物流共享配送平台的相关概念

2.1.1 城市物流概述

有关"城市物流"（city logistics）的概念最早见于 Taniguchi 等[1]的研究，他们认为，城市物流是指在市场经济框架内，考虑交通环境、交通拥堵和能源消耗的同时，全面优化城市地区私营公司物流和运输活动的过程。我国学者方虹[2]认为，城市物流是指物品在城市内部的实体流动，城市与外部区域的货物集散以及城市废弃物清理的过程。崔介何[3]在前人的研究基础上，对城市物流的概念进行了更加准确的定义，他认为，城市物流是在一定的城市行政规划条件下，为满足城市经济发展要求、顺应城市发展特点而组织的区域性物流活动，包括城市区域内生产要素和产品的流动，以及城市与外界生产要素和产品的交换和流通活动；城市物流属于中观物流，对其的研究目标是实现一个城市及其周边区域的物流合理化。

进入 21 世纪以后，电子商务迅猛发展，城市快递业务不断扩张，物流行业发展迅速，"城市物流"的概念应运而生。2007年以后，随着"三通一达"渐次成立，加上京东启动自建物流，密集的城市快递网逐步形成，城市物流系统进入电商物流时代。2014年，出现"互联网+物流"的新型商业模式，以美团、饿了么为代表的城市物流进入共享众包时代。2019年以后，线上线下融合的新零售时代开启，城市物流业进入全渠道时代，面临全新的变革与挑战，如何让城市物流适应不断变化的市场商业模式，成为摆在众多学者面前的难题。

20世纪末，世界各国开始关注城市交通堵塞、噪声、事故、空气污染等问题，希望从城市可持续发展的角度解决城市问题。1998年，第一届城市物流和城市货运国际研讨会召开，并发布了3篇有关城市物流的文章。同年，日本成立了第一个城市物流研究所，由日本京都大学教授 Eiichi Taniguchi（谷口荣一）主持，开展了一系列关于城市物流的研究[4]。王之泰教授是国内最早研究城市物流的学者之一，其在1999年发表的《城市物流研究探要》引领我国开展城市物流的相关研究。此后，我国关于城市物流的研究队伍不断壮大，研究内容不断深入，截至2022年，共发表论文672篇，其中，以"城市物流配送"为主题的有152篇，以"城市群"为主题的有89篇，以"共同配送"为主题的有67篇。

正如王之泰教授所指出的，城市物流的研究目标是从解决城市物流系统问题的角度来解决城市问题，而不是简单地从运输、储存等领域去解决城市问题[5]，需要通过全面改善物流系统、调整物流流程的方式去解决问题。因此，在城市物流的研究和管理中，需要考虑城市特有的空间限制、交通拥堵、环境保护等因素，重构物流流程，改进物流系统，满足居民和企业的物流需求，提高物流效率和服务质量。

2.1.2 城市共配概述

城市共配又名"城市共同配送"，共同配送研究起源于日本，如矢泽秀雄最早研究物流共同化，中田信哉指出共同配送的重要意义，石田宏之指出共同配送是解决物流成本和物流服务水平二律背反关系问题的重要方案，芝田稔子总结了共同配送所面临的问题[6]。日本原运输省将共同配送

（common delivery）定义为：在城市里，为使物流合理化，在几个有定期运货需求的合作中，由一个卡车运输业者使用一个运输系统进行配送的模式。日本工业标准（JIS）将共同配送解释为：为了提高物流效率，对许多企业一起进行配送[7]。我国国家标准《物流术语》（GB/T 18354—2006）对"共同配送"的定义是：由多个企业联合组织实施的配送活动。

城市共同配送是在城市范围内，生产商、产品加工企业、运输企业，通过各种合作方式，对地区内有配送需求的用户进行资源的集约化整合，统一安排配送活动，实现资源配置的优化。近年来，我国已有不少学者对城市共配展开研究，希望通过这个方法解决城市交通拥堵、资源短缺、空气污染等问题。温卫娟等分析了当前我国城市物流配送面临的形势，提出应大力优先推进城市共同配送、电子商务配送和专业配送[8]。徐俊杰等概括了城市快递共同配送的推广背景，从资源节约、绿色发展、交通避害和公共服务4个角度分析了城市快递共同配送的演进动力[9]。杨萌柯等提出了一种基于物流信息云平台，以智能快递柜共同配送为主、以社区零售店O2O等为辅的城市有限区域共同配送模式[10]。胡云超研究了城市交通管制条件下的共同配送，建立了多目标配送路径优化模型[11]。

城市共配的运行机理是增大规模从而提高经济效益，即联合多家企业，整合各个企业的资源，从而降低产品的单位运输成本。如图2.1所示，用规模效应来解释，即当配送产品增加到某一规模，如 P 点时，从成本的角度来看，共同配送的模式是优于线路配送和厂家直送的[12]。

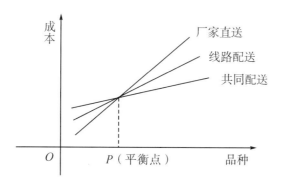

图2.1　配送方式与物流成本关系曲线

城市共配大幅度提高了配送的效率和集约化程度[13][14]。如图 2.2 所示，在没有实现城市共配之前，3 个快递公司配送 3 个小区需要 9 辆车送货 9 次，回来还是空驶，但是实现城市共配以后，只需要 3 辆车送货 3 次。

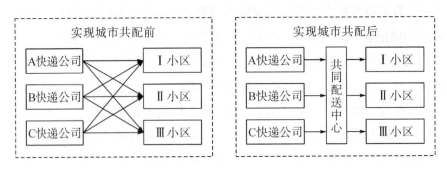

图 2.2　城市共配节约资源对比

发达国家较为重视城市物流的健康、低碳发展，鼓励发展高集约、高效率的物流模式和运作模式。在日本、欧洲国家，共同配送的发展水平较高，它们不仅在配送营运网络建设方面十分支持共同配送的发展，还积极引导共同配送的健康发展，主要分为两个方面：一是给予鼓励、支持政策；二是规范行业发展，对于城市共同配送的车型和装卸区域等做出专项规定[15]。

21 世纪以来，城市共配在我国也得到长足发展，如苏宁启用了智慧"苏宁云仓"。此外，新冠疫情期间一些地方还出现了"同仓共配""共享共配"的模式，如以菜鸟驿站、京东服务站为代表的渠道共享型模式，以各类电商云仓、物流园区共享仓库为代表的仓储共享型模式，以丰巢为代表的快递柜共享型模式，还有车辆共享型模式、托盘共享型模式、包装物共享型模式等。

通过梳理城市共配的发展历程，我们可以将城市共配划分为以下三个发展阶段：

第一阶段，单个企业内共配。单个企业内共配是指，某一家商贸流通企业在自己的配送中心内集中处理所销售的不同货物，并配送到自己的不同门店。在这个阶段，传统的多程配送变为单程配送，多渠道配送变为合流共配，多次配送的商品变为一次性配送到商家。

第二阶段，多个企业共配。多个企业共配是指由多个企业联合组织实施的配送活动。在这个阶段，不同的物流企业共用相同的运输渠道给同一客户运输，可以互帮互助，进行共同配送。

第三阶段，全社会共配。全社会共配是最高形式的共配，不针对特定的企业或行业，而是对所有的公民、企业、政府、社会组织开放配送服务，其配送环节涉及集货、分拣、加工、配货、包装、运送、分发等配送的全流程。

2.1.3 城市物流共享配送平台的概念

城市物流共享配送平台就是上文所提到的第三阶段的城市共配，即全社会共配。

全社会共配模式在我国已经有不少的实践，例如宁夏贺兰工业园区公共仓储[16]。2003 年 2 月，银川市人民政府批准成立宁夏贺兰工业园区，截至 2015 年底，园区工商注册企业 533 家，综合考虑园区内农副产品加工、机械电气制造、家具制造及装饰建材、商贸流通四大产业都有仓库需求，2016 年 10 月，园区建设了统一的公共仓储租赁给企业使用，园区企业只需将商品储存在公共仓储，网上销售后再将订单信息发给公共仓储作业人员，通知其发货即可。公共仓储整合仓储资源，集中开展城市共同配送，不仅有效解决了企业用地难、用地紧张、资金不足、物流成本居高不下等问题，也切实降低了园区成本，提高了园区综合效益，从而促进园区企业健康、持续发展。又比如邵举平等[17]认为，城市物流共同配送可以采用小甩箱运输，即将箱体交换技术用在城市物流共同配送中，共享标准小甩箱，这与深圳市赤湾东方物流有限公司目前运营的共享甩挂车有异曲同工之妙。深圳市赤湾东方物流有限公司将甩挂车车主集合起来，在全国不同的城市共享甩挂车，车主通过信息平台收到挂车信息，开着车头直接去拖车，到目的地后直接脱挂走人。这种模式让司机等货、集货更加方便，司机可以通过物流公司信息平台实时了解各个甩挂车在不同城市的集货情况，合理安排时间前去脱挂。

目前，我国关于城市共配的研究与实践主要局限于单一的渠道共享、仓储共享、信息共享、运输共享、设备共享等方面，鲜有研究从城市治理的角度进行系统化思考，从智慧城市的视角出发把仓储、分拣、配送等多环节，以及分拣中心、分拣线、配送车辆、小区驿站等多设施、多设备的共享进行系统化整合。因此，本书以城市为研究对象，探讨如何通过统一的配送中心进行终端配送，从而打造更高级的城市共配模式。

我们把城市共配当成城市的公共资源，认为其是由政府出资或支持建造而成的一个公共的城市共同配送平台，是物流配送公共设施。该平台有分拣中心、配送车辆、配送设备、无人值守小区驿站等，服务于全体市民，具有公益性。在市外快递进入城市前，快递公司将交付的货件送入统一的大型分拣中心，在分拣中心中重新合流、读数、打码、分拣、分流，再由统一的车辆、无人机、管道等专用渠道，传送到统一的小区驿站中，并将货件送达驿站的信息告知各物流快递公司，各物流快递公司派遣人员跟踪驿站的收发情况；同样地，快递公司前端收到货件后，将其逆向送入分拣中心分拣，然后传送出城。城市共配中心的整个流程如图 2.3 所示。

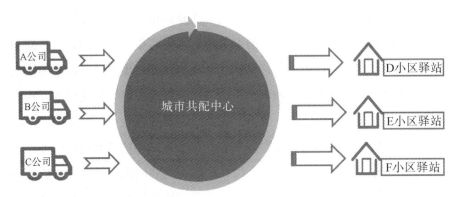

图 2.3　城市共配中心示意图

2.2 城市物流共享配送平台的主要特点

2.2.1 多个物流环节、多种设备的共享

城市物流共享配送平台与以往单环节、单设备的共同配送不同，它把仓储、分拣、配送等多环节，以及配送中心、分拣线、配送车辆、小区驿站等多设施、多设备的共享进行系统化整合，建立统一的物流分拣中心、统一的配送设备和渠道，以及统一的小区自动收发快递驿站。

2.2.1.1 统一的物流分拣中心

城市物流共享配送平台建立了一个统一的物流分拣中心，该中心是城市物流共享配送平台的核心组成部分。

物流分拣中心需要建在靠近交通主干道出入口的城市郊区，总体建筑面积需要达到 5 平方千米以上，中心的主体建筑是巨大的、多层的环形自动化分拣设备大楼，底层有多个分拣出库月台，顶层有多个入库月台，主体建筑四周有不同功能的仓库，如储存果蔬、冷鲜食品的冷库，储存日用品、家用电器等的常温库。附属建筑设施还有流通加工车间、商铺、写字楼、住宅楼、数据中心等。如图 2.4 所示，物流分拣中心像一个城市环岛一样日夜不停地运转。

物流分拣中心的两大功能是分拣和仓储。首先，分拣是物流分拣中心的主要功能。市外快递进入城市前，先要进入物流分拣中心进行统一的分拣、分类和标记。同样地，要送出本市的商品也要进入分拣设备进行分拣，再由快递公司送出本市。其次，仓储并不以储存为目的，而是以配送为目的，所以仓储的周转率非常高，里面都是商家临时存放的城市日常消耗品，当城市消费者下单购买后，商品立刻出仓，经过传送带进入分拣中心大楼，通过分拣、出库、配送，商品在非常短的时间内就能到达消费者手中。

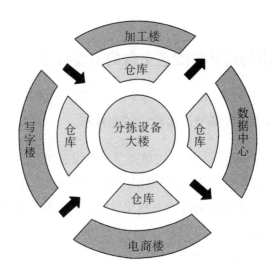

图 2.4　物流分拣中心示意图

统一的物流分拣中心有以下三个方面的优势：

（1）减少资源浪费和重复投资

在传统的物流配送模式中，每家快递公司都有自己独立的分拣设施和人员，这导致了大量的资源浪费和重复投资。而一个统一的物流分拣中心可以将各个快递公司的货件集中起来，减少了分拣设施和人力的重复投入，提高了资源利用效率。

（2）提供高效的分拣服务

物流分拣中心配备了先进的自动化设备和技术，能够通过自动扫描、识别和分拣系统，快速而准确地将货件分类和分拣。这不仅提高了分拣的速度和准确性，还降低了出现人为错误和损失的可能性。此外，统一的物流分拣中心还能够实现对货件的实时追踪和管理，确保货件能够按时送达目的地。

（3）为快递公司提供更便利的服务

快递公司只需要将市外快递交付到物流分拣中心，不需要再在城市中建立独立的分拣设施。这样可以节省大量的时间和成本，提高配送效率。同时，由于所有的快递都经过统一的物流分拣中心，各个快递公司可以共享分拣设施和设备，从而降低了设备的闲置率和使用成本。

2.2.1.2　统一的配送设备和渠道

城市物流共享配送平台还建立了统一的配送设备和渠道。配送车辆、月台、叉车、托盘、周转箱等设备都是按统一的标准定制的，能够很好地配合，提高了运输安全性和装载效率。

（1）统一的配送车辆

配送车辆统一订制，有统一的外形和颜色，提高辨识度；配送车辆实现远程控制，由于从物流分拣中心到小区，优化后的线路比较固定，所以尽可能采用无人驾驶车辆，全市配送车辆通过 GPS 和北斗双模定位，实时展现在"数字孪生平台"上，方便远程控制。同时，配送车辆向标准化发展，如尺寸标准化，与月台、托盘、周转箱、叉车、传送带的尺寸都是相配的，能够实现无人装车和无人卸货等标准化作业。

（2）统一的周转箱

实现周转箱的循环利用，货件从分拣、装车、配送到驿站都在周转箱中，周转箱经过一个循环周期回到物流分拣中心；实现周转箱的标准化[18]，周转箱可以设计为不同大小、不同形状的样式，小的可以拼为大的，大的可拆分为小的，周转箱之间实现模数化。同时，以托盘基础尺寸为核心，建立基准物流模数，周转箱、叉车、运输车辆等均为同一物流模数。周转箱与驿站蜂箱也要相互配合。当然，其他设备也是按统一标准定制的，如叉车、月台、传送带等。

（3）统一的配送渠道

城市物流共享配送平台不仅有统一的配送车辆将货件从物流分拣中心运抵小区驿站，还开发了其他的配送渠道，如城市地铁配送渠道，利用城市地铁线路配送货件[19][20][21]；城市公交配送渠道[22][23][24]；城市管道配送渠道[25]；城市无人机配送渠道等[26][27]。

统一的配送设备和渠道有以下四个方面的优势：

（1）减少城市中的交通拥堵问题

在传统的物流配送模式中，各个快递公司都有自己的配送车队，这导致大量的车辆在城市中穿梭，加剧了交通拥堵。而定制统一的配送车辆可以减少车辆的数量，优化路线规划，从而缓解道路交通压力，提高交通效率。

（2）减少环境污染

在传统的物流配送模式中，每家快递公司都有自己的配送车队，这导致了大量的尾气排放和噪声污染。而定制统一的配送车辆可以引入环保技术和新能源车辆，从而减少尾气排放和噪声污染的问题，提升城市的环境质量。

（3）实现更高效的配送路线规划

集中管理和调度可以根据实时的货量和目的地信息，优化配送路线，减少车辆的行驶里程和时间。这样不仅提高了配送效率，还减少了能源消耗和碳排放，从而节约了资源，保护了环境。

（4）为快递公司提供更便捷的配送服务

快递公司只需将货件交付给统一的配送车辆，无须自行配送到各个小区，这降低了配送的复杂性和成本。同时，统一的配送渠道还可以提供实时的配送信息和服务，方便居民随时了解货件的状态和配送进度。

2.2.1.3 统一的小区自动收发快递驿站

随着经济社会的快速发展，城市传统格局不断发生改变，住宅小区作为城市人口的主要承载区域，已经成为城市的重要结构单元。加强小区治理已成为城市治理的主阵地，小区治理的好坏直接决定了城市治理整体秩序的质量高低。城市物流共享配送平台在各个小区建立统一的自动收发快递驿站。这些小区驿站应当一改当前狭小、拥挤的模式，充分利用和整合城市的公共用地、闲置公共用房等资源，建设用地 500 平方米以上的小区驿站，平时也可以作为居民休闲活动室、居民议事室、驿站办公室、学习室等。

小区驿站可以实现高度自动化，在分拣、投递等方面减少人工介入，如引入智能快递柜，通过物联网和电子锁等技术，实现包裹的自助存取；同时引入甩挂式蜂巢托盘，该托盘进入驿站脱挂后，可直接卡入小区驿站仓库（见图 2.5），无须分拣入箱。

图2.5 配送车辆上的蜂巢式托盘脱挂后可以直接卡入小区驿站仓库

小区自动收发快递驿站的功能主要是方便居民进行快递的收件和寄件，它是无人值守的，居民可以通过扫码等多种方式方便地收取货件，还可以在驿站中自主登录配送中心的寄件信息系统，实现自主寄件。当然，驿站中也有不同快递公司的终端维护人员，这些人员为提出上门送件或收件的居民提供服务，也提供各类快递收发的咨询服务。

建立统一的小区自动收发快递驿站有以下几个优势：

（1）可以解决小区内快递配送的"最后一公里"问题

在传统的配送模式中，快递员需要逐家递送快递，这不仅耗时耗力，而且容易造成小区内交通堵塞。建立统一的小区自动收发快递驿站后，快递员只需将快递送至驿站，居民可以24小时自行到驿站领取快递。这样不仅减少了快递员在小区内的行走时间，还避免了快递员频繁进出小区的交通拥堵问题。

（2）提供更加灵活的取件时间和方式

在传统的快递配送模式中，快递员只能在白天的工作时间内递送快递，这给居民的取件带来了很大的限制。而建立统一的小区自动收发快递驿站后，居民可以根据自己的时间安排，在驿站指定的时间段内自行取件。同时，驿站还可以提供24小时取件服务，给工作时间不固定或无法在白天取件的居民提供方便。

（3）提供更加安全和可靠的快递服务

在传统的配送模式中，快递员将快递放置在居民家门口或快递柜中，存在被盗或损坏的风险。而统一的小区自动收发快递驿站通过安全的存储设施和监控系统，可以确保快递的安全性和可靠性。居民可以在驿站指定的存储柜中领取快递，避免了快递被盗或受损的问题。

（4）提供其他增值服务

统一的小区自动收发快递驿站可以提供退货和换货服务，方便居民处理不符合需求的商品。驿站还可以提供包装材料和包装服务，方便居民包装货物。这些增值服务可以提高居民的生活便利性和服务满意度。

2.2.2 高度智能化、智慧化的运营方式

城市物流共享配送平台还有一个强大的"大脑"，这个"大脑"集成了大数据、云计算、物联网、人工智能、机器视觉、虚拟现实等现代信息技术，其运营方式高度智能化和智慧化。通过应用智能化的机器视觉识别和信息采集系统、分拣系统和机器人拣货系统、订单管理和调度系统、路径规划和导航系统、货物追踪和管理系统、数据分析和预测技术以及用户接口和服务系统等，平台可以提高配送效率，减少成本，提供优质的配送服务，满足用户的需求，推动城市物流的发展和升级。

2.2.2.1 智能化的机器视觉识别和信息采集系统

来自不同快递公司的快递包裹在自动分拣平台前端合流后，配备高分辨率的摄像头和图像处理算法随即启动，一行多单、五面同时识别货件，能够准确地识别包裹的外观特征、条码信息等，并通过实时图像分析目的地等信息，将这些信息及时采集进入系统，可以用于快递包裹的自动分类和分拣。另外，智能化的机器视觉识别和信息采集系统还可以识别交通状况和道路条件，智能调度车辆；而在合流、分拣、装车、配送等阶段对快递包裹的智能识别，也使损坏件和质量问题件及时得到相应的处理。通过应用智能化的机器视觉识别和信息采集系统，平台可以提高配送效率，减少人工操作，提升物流服务的质量和可靠性，其具体优势如下：

（1）自动识别和分类快递包裹

高性能的摄像头和图像处理算法，不仅可以智能采集货件的物流信息，还可以识别包裹的尺寸、形状特征，掌握运输破损情况等，为之后的自动分类和分拣做准备。这样可以提高分拣的速度和准确性，减少人工操作，提高配送效率。

（2）识别交通状况和道路条件

通过安装摄像头和传感器，平台可以实时监测道路上的车辆流量、交通拥堵情况和道路状况，如交通事故、道路施工等。这些信息可以被用来智能调度车辆，选择最佳的配送路径，提高配送效率和准时率。

（3）处理货物的损坏和质量问题

通过对货物进行视觉检测和分析，平台可以检测货物是否破损、变形或缺失，并及时发出警报。这样可以减少货物损失和客户投诉，提升物流服务的质量和可靠性。

2.2.2.2 智能化的分拣系统和机器人拣货系统

通过应用智能化的分拣系统和机器人拣货系统，平台可以实现高效、准确的分拣和拣货，提高物流效率并降低成本，其具体优势如下：

（1）智能化的分拣系统可以实现自动分类和分拣快递包裹

该系统通常由一系列高性能的传感器、摄像头和机器视觉算法组成，可以对不同包裹密度、不同波峰波谷的来件情况实现柔性化分拣，从而节约分拣能源。当包裹进入分拣系统时，传感器和摄像头会扫描包裹的特征，如尺寸、形状、条形码等信息。然后，机器视觉算法会对这些信息进行分析和识别，将包裹分配到正确的分拣通道或出口。这样可以大大提高分拣的速度和准确性，减少人工操作。

（2）机器人拣货系统可以实现自动拣选货物并装箱

该系统通常由一组智能化机器人和自动化设备组成。当订单进入机器人拣货系统时，机器人会根据订单的要求，自动移动到对应的货架或储存区域，通过机器视觉和传感器技术，准确地找到并拣取所需的货物。然后，机器人会将货物放置在指定的装箱区域，进行装箱和封箱操作。这样可以实现高效拣货，且减少人工错误，提高拣货准确性。

智能化的分拣系统和机器人拣货系统具有高度自动化和智能化的特性。与传统的人工分拣和拣货相比，首先，智能化的分拣系统和机器人拣货系统可以实现连续、快速、准确的操作，它们大大提高了分拣的速度和准确性，减少了人工分拣中的错误和延误。其次，这些系统还可以通过数据分析和优化算法，快速适应不同尺寸和形状的包裹，不断优化分拣和拣货过程，提高效率和准确性。最后，智能化的分拣系统还可以实现数据的实时监控和分析，为管理决策提供有力支持。总之，通过应用智能化的分拣系统和机器人拣货系统，平台可以实现高效、准确的分拣和拣货系统，从而提高物流效率并降低成本。这有助于推动城市物流的发展，提升用户体验，实现公共服务的公益性目标。

2.2.2.3 智能化的订单管理和调度系统

城市物流共享配送平台专门为电子商务打造了机器人拣货的阁楼式仓库（见图 2.6），仓库与分拣中心由梁轨和传送带连接，系统接收到拣货指令后，会立即拣货、传入分拣系统、配送进市内，完全可以实现 2 小时电商配送。因此，品牌商可以拎包入驻配送中心的仓库，只需要交付商品到配送中心，无须担心配送过程。

图 2.6　适合机器人拣货的阁楼式仓库

配送中心通过应用智能化的订单管理系统，可以实时接收和处理订单信息，自动进行分配和调度。通过应用机器算法和人工智能技术，平台可以根据货量、距离、时效等因素进行智能调度，将配送任务分配给最合适的配送员或车辆，以提高配送效率、减少成本，其具体优势如下：

（1）智能化的订单管理系统可以实现对订单的实时接收和处理

用户可以通过手机应用或网站下单并提交订单，订单提交之后，智能化的订单管理系统会立即接收订单信息，并进行自动处理。这包括订单的验证、处理、分配以及配送员和车辆的调度等。自动化处理可以大大缩短订单处理的时间，提高订单的处理速度。

（2）智能化的订单调度系统可以实现对配送任务的智能化分配和调度

通过应用算法和人工智能技术，平台可以根据订单的属性（如货量、时效等）、交通状况、配送员的位置和能力、配送车量情况等因素，智能地进行合单与分单，将配送任务分配给最合适的配送员或车辆。这样可以提高配送效率和准时率，同时减少空载和重复配送，降低配送成本。

（3）智能化的订单管理和调度系统可以实现对配送过程的实时监控和管理

平台可以通过应用 GPS 定位、传感器和云计算等技术，实时追踪配送员和车辆的位置、配送进度和货物状态等信息。这样可以提供准确的配送信息和实时数据，以便进行配送任务的监控、调度和优化。同时，平台还可以通过应用智能化的预警系统，及时发现和处理配送过程中的异常情况，如交通拥堵、配送延误等。

总之，智能化的订单管理和调度系统是城市物流共享配送平台的重要特点之一。通过应用智能化的订单管理和调度系统，平台可以实现订单信息的实时接收和处理、配送任务的智能化分配和调度、配送过程的实时监控和管理等功能。这样可以提高配送效率、减少成本、提供可靠的配送服务，从而满足用户的需求，推动城市物流的发展和升级。

2.2.2.4　智能化的路径规划和导航系统

城市物流共享配送平台建设智能化的路径规划和导航系统，可以远程实时控制配送车辆的运行，并智能地实现配送车辆的线路规划与自动导航。平台可以根据交通状况、道路拥堵情况和配送需求等因素，智能地规划最短、最快的配送路径，减少配送车辆的行驶距离和时间，提高配送效率。智能化的路径规划和导航系统的具体优势如下：

（1）智能化的路径规划系统可以根据配送任务的要求和实时交通状况，智能地计算最佳的配送路径

该系统通常集成了地理信息系统（GIS）、交通信息和算法模型，可以综合考虑多个因素，如交通拥堵、道路状况、配送距离等。通过实时更新的交通信息，智能化的路径规划系统可以动态调整路径，避开拥堵路段，选择最快捷和最经济的配送路径，这样可以大大提高配送效率，减少配送时间和成本。

（2）智能化的导航系统可以为配送员提供准确的导航指引和路线规划

该系统通常基于 GPS 和北斗双模定位和地理信息系统（GIS），实时监测配送员的位置和配送进度，并根据最佳路径规划为配送员提供导航指引。智能化的导航系统可以显示实时交通信息、道路条件和导航路线，帮助配送员准确地到达目的地。此外，智能化的导航系统还可以提供语音提示和实时路况更新，使配送员能够更加高效地完成配送任务。

智能化的路径规划和导航系统的优势在于其高度智能化和实时性。通过综合考虑多个因素，如交通状况、道路条件和配送任务要求，系统可以智能地计算最佳路径，避开拥堵路段，提高配送效率。同时，实时更新的交通信息和导航指引，可以帮助配送员准确地导航到目的地，减少迷路和延误的情况。

2.2.2.5　智能化的货物追踪和管理系统

城市物流共享配送平台通过应用智能化的货物追踪和管理系统，可以实时监控货物的位置、状态和运输情况。平台可以利用 RFID、条码、GPS、物联网、传感器和云计算等技术，对货物进行实时追踪和监控，提供准确的货物信息和运输数据。这样可以提高货物配送的安全性和可靠性，降低货物丢失和损坏的风险，提供实时的货物定位和查询功能。智能化的货物追踪和管理系统的具体优势如下：

（1）智能化的货物追踪系统可以实时监控和跟踪货物的位置和状态

平台通常会使用 GPS 定位、传感器和云计算技术，对货物进行实时监测。通过应用这些技术，平台可以获取货物的实时位置、运输状态、配送进度和交接记录等信息。这样，物流公司和用户可以随时了解货物的位置

和运输情况，增强物流可视化和可追溯性。

（2）智能化的货物管理系统可以实现对货物的智能化管理

该系统通常具备订单管理、仓储管理和库存管理等功能。通过应用智能化的货物管理系统，平台可以实时更新和管理订单信息，包括订单的生成、处理、配送和签收等环节。同时，平台还可以实现对仓储和库存的智能化管理，追踪和管理货物的进出库情况，提供实时的库存信息和报告。这样可以提高货物的管理效率，减少错误和漏洞。

智能化的货物追踪和管理系统的优势在于其高度自动化和实时性。通过应用先进的技术和系统，平台可以实时监控货物的位置和状态，提供准确的物流信息和实时数据。这有助于增强物流公司和用户对物流过程的可视化和可追溯性，提高货物管理的效率和准确性。

2.2.2.6 智慧化的数据分析和预测技术

城市物流共享配送平台通过应用智慧化的数据分析和预测技术，可以对配送过程中的数据进行收集、整理和分析。平台可以利用大数据和人工智能算法，分析配送数据中的规律和趋势，预测配送需求和优化配送方案。这样可以提高配送的效率和准确性，为用户提供更好的配送服务。智慧化的数据分析和预测技术的具体优势如下：

（1）智慧化的数据分析技术可以帮助平台对物流数据进行全面的分析

平台通常会收集大量的物流数据，包括订单量、配送时间、交通状况、货物流向等。通过应用智慧化的数据分析技术，平台可以从收集到的数据中提取有价值的信息，如用户需求趋势、热门配送区域、运输效率等。这样可以帮助物流公司和平台管理者更好地了解市场需求和运营情况，优化运营策略和资源分配。

（2）智慧化的数据预测技术可以帮助平台进行精准的需求预测和运输规划

通过应用预测模型和算法，平台可以根据历史数据和实时数据，预测未来的订单量、交通拥堵情况等因素。这样可以帮助平台提前做好运力和资源的调配，合理规划配送路线和时间，减少配送时间和成本。同时，智慧化的数据预测技术还可以帮助平台做出更准确的供应链决策，如货物库存管理、配送策略等，从而提高物流效率和客户满意度。

智慧化的数据分析和预测技术的优势在于其能够利用大数据的力量，深入挖掘和分析物流数据，帮助平台做出更科学、准确的决策。通过分析历史数据和实时数据，平台可以了解市场需求、运输情况等关键信息，为运营和决策提供有力支持，提高了城市物流的可视化和透明度。同时，智慧化的数据预测技术不仅可以帮助平台提前做好规划和调配，减少不确定性和资源浪费，还可以向快递公司提供服务，帮助它们做好计划和安排。

2.2.2.7 智能化的用户接口和服务系统

城市物流共享配送平台主要向快递公司、电子商务企业和个人提供服务，通过智能化的用户接口和服务系统，平台可以提供个性化、定制化的配送服务。用户可以通过手机应用或网站进行下单、查询和评价，实时了解公司或个人的包裹配送进度和包裹状态。平台可以根据用户的偏好和需求，提供个性化的服务项目，从而提升用户的满意度和忠诚度。智能化的用户接口和服务系统的具体优势如下：

（1）智能化的用户接口可以通过简化操作流程和提供智能化功能来提升用户操作的便利性和效率

平台可以设计直观友好的用户界面，降低使用门槛，使用户能够快速上手查询和处理自己的包裹。同时，平台可以应用智能化技术，如智能搜索、智能推荐等，为用户提供个性化的服务和建议。这样可以减少烦琐的操作步骤，提升用户的体验感和满意度。

（2）智能化的用户服务系统可以通过提供实时信息和个性化支持来增强用户的信任和便利

平台可以实时更新物流信息，包括订单状态、配送进度和实时通知等，让用户随时了解物流情况。同时，平台可以提供多种沟通渠道，如在线客服、电话咨询等，为用户提供及时的支持和解决问题。这样可以增加用户对平台的信任感，提升用户对服务的满意度。

智能化的用户接口和服务系统的优势在于其提供了更便捷、高效、个性化的服务，满足了用户的需求和期望，提高了城市的品质，改善了城市的居住环境和营商环境。通过简化操作流程和提供智能化功能，平台可以提高用户的使用便利性和效率。同时，实时信息和个性化支持可以增加用户对服务的信任感和满意度。

2.2.3 面向公共服务，具有公益性

面向公共服务、具有公益性是城市物流共享配送平台的重要特点之一。这意味着平台的运营目标不仅仅是追求经济利益，更注重为社会公众提供可持续、高效、环境友好的物流服务。城市物流共享配送平台向公益性发展的主要原因有以下几个：

2.2.3.1 政府主导投资和建设

政府作为公共管理者和规划者，具有引导和推动城市物流发展的责任。通过主导投资和建设城市物流共享配送平台，政府可以优化城市物流资源配置，缓解交通拥堵，促进环境保护，提升城市经济竞争力，增强公共服务能力。这些因素共同推动着城市物流共享配送平台向公益性发展，为城市和社会提供更好的物流服务和公共利益。政府主导投资和建设的具体优势如下：

从优化城市物流资源配置上看，政府主导投资和建设可以有效整合城市内各个物流环节和设备资源，提高资源利用效率。共享物流设施和运输工具，可以避免资源重复投资和浪费，减少物流成本，提高物流运输效率。这有助于优化城市物流资源配置，提升整体物流运作效率，为城市经济的发展提供支持。

从缓解交通拥堵和促进环境保护上看，政府主导投资和建设城市物流共享配送平台可以通过优化物流运输路线、减少车辆空驶率等措施，缓解交通拥堵和减少尾气排放。这有助于改善城市交通状况，减少环境污染，提升城市居民的生活质量。

从提升城市经济竞争力上看，高效的物流配送系统是城市经济发展的重要支撑。政府主导投资和建设城市物流共享配送平台可以提高物流运输效率，降低物流成本，促进商品流通，优化商业发展。这有助于提升城市的物流服务水平，优化商业环境，吸引更多的企业投资，提升城市经济的竞争力。

从提升公共服务能力上看，政府主导投资和建设城市物流共享配送平台可以提升政府的公共服务能力。通过建设智能化、信息化的城市物流共

享配送平台，政府可以提供更便捷、高效的物流服务，满足市民对商品和服务的需求。这有助于提升市民的生活品质和满意度，提升政府在公共服务领域的形象和认可度。

2.2.3.2 城市物流共享配送平台是微利企业

城市物流共享配送平台是微利企业，注重社会效益、可持续发展、公平竞争和社会责任担当，而非仅仅追求经济利益。这些因素共同推动着平台向公益性发展，为城市和社会提供更好的物流服务和公共利益，使更多人受益，提升整体社会公众的福利和幸福感。同时，城市物流共享配送平台通过合理定价和资源配置，降低物流服务的价格，还有助于推动城市物流行业及电商行业营商环境的改善和进步，促进企业盈利和城市投资的增加。城市物流共享配送平台作为微利企业的具体优势如下：

（1）社会效益导向

微利企业注重社会效益和公共利益，而非仅仅追求经济利益。作为城市物流共享配送平台的运营者，微利企业会将社会效益置于首位，以提供高效、便捷、环保的物流服务为宗旨。通过合理定价和资源配置，微利企业可以降低物流服务的价格，使更多人受益。这有助于提高社会公众的福利和幸福感，符合社会利益导向。

（2）可持续发展

微利企业注重长期稳定的发展，而非短期利益的追逐。城市物流共享配送平台作为微利企业，会采取可持续发展的经营策略。这包括推动绿色配送、低碳配送等环保措施，减少对环境的不利影响。微利企业还会注重资源的节约利用，提高物流运输的效率，减少能源消耗和碳排放。这有助于实现城市物流的可持续发展目标。

（3）促进公平竞争

微利企业通常遵循市场规则，推动公平竞争。在城市物流领域，微利企业通过提供高质量、高效率的物流服务，与其他物流企业形成竞争关系。这有助于推动物流行业的发展和进步，促进市场的公平竞争。微利企业的参与还可以引入新的商业模式和创新技术，推动整个物流行业的升级与发展。

（4）社会责任担当

作为微利企业，城市物流共享配送平台注重社会责任的担当。平台会关注社会公众的利益，积极参与社会公益事业，并承担一定的社会责任。

2.2.3.3　为了保护快递公司和电商企业的隐私

城市物流共享配送平台的运营中涉及大量的物流数据和个人信息，如果平台是由城市中的某个领头物流企业控制，或者多家物流公司共同出资建设、共同控制，那么其他快递公司的隐私权就难以得到保障。为了保护物流公司、电商企业等的隐私，平台必须掌握在政府手中。当然，平台还需要建立严格的数据隐私保护机制。这包括采用安全加密技术，确保数据在传输和存储过程中的安全性；制定隐私政策和用户协议，明确数据使用和保护的规定；加强对数据访问权限的管理，确保只有授权人员能够获取相关数据。通过这些措施，平台可以更好地保护企业的商业机密和用户的个人隐私。

企业隐私得到保护，可以增加企业对平台的信任。平台可以通过建立规范的数据管理和隐私保护机制，确保用户和企业的隐私得到充分保护。这可以促进企业积极参与城市物流共享配送平台的建设和运营。同时，保护企业的隐私也有助于维护市场秩序和公平竞争，促进城市物流行业的健康发展。

2.2.3.4　更好地与城市建设融合发展

城市物流是城市建设和发展的重要组成部分，对城市的经济、社会和环境发展有着重要影响。建设城市物流共享配送平台可以提高物流的效率和可持续性，优化城市交通和资源利用，减少环境污染和能源消耗。这有助于实现城市的融合发展目标，推动城市的可持续发展，提升城市居民的生活品质。城市物流与城市建设融合发展的具体优势如下：

（1）提高物流服务水平

政府主导投资和建设城市物流共享配送平台可以通过引进先进的物流技术和管理经验，提升物流服务的水平。平台可以建立智能化的物流配送系统，利用物联网、大数据等技术手段，实现物流信息的实时监控和管理，提高物流运输的效率和准确性。通过提供高质量的物流服务，政府可以满足市民对商品和服务的需求，提升公共服务能力。

（2）优化城市交通规划

城市物流共享配送平台可以提供详细的物流数据和交通流量信息，为政府进行城市交通规划提供依据。政府可以利用这些信息，合理规划城市道路和交通网络，改善交通拥堵状况。通过合理的交通规划，政府可以提高交通运输的效率，缓解交通拥堵，降低交通事故的发生率，提升城市居民的出行体验和生活品质。

（3）强化城市管理能力

政府主导建设城市物流共享配送平台可以提升政府的城市管理能力。平台可以为政府提供实时监测的物流数据和运行情况，帮助政府更好地了解城市物流运作情况和问题所在。通过及时掌握和分析数据，政府能够采取相应的措施，优化城市物流管理，提升城市的管理效能和服务水平。

（4）促进政府与企业合作

政府主导的城市物流共享配送平台可以促进政府与物流企业、电商企业等的合作。平台可以为企业提供物流服务的便利和支持，帮助企业降低物流成本、提高物流效率。同时，政府可以通过与企业合作，共同制定物流政策和标准，推动物流行业的发展和创新。这有助于增强政府与企业的合作关系，提升政府的公共服务能力。

综上所述，电子商务的快速发展带动了物流需求的增加，促使共享物流行业的技术创新和应用，城市共配也由原来的企业内部不同订单的共配，发展到同行业之间相互合作与协作的同一线路上的共同配送，最后发展到社会化的共同配送。但是，目前社会化共配发展并不如人愿，主要原因是共配体是一个松散的组织，合作一段时间后，随着合作各方力量的此消彼长，之前的平衡被打破，共配体就会瓦解。因此，城市物流共享配送平台由强有力的政府主导建设，可以把配送平台的建设纳入城市公共服务建设一揽子计划中，从智慧城市建设的高度，推动整个城市物流行业的发展，提高整体社会福利和经济发展水平，提升城市居民的生活品质和幸福感。

2.3 城市物流共享配送平台的重要作用

作为一个智慧宜居城市，不仅需要便捷的交通、高速的宽带网络、宜人的人居环境，还需要便捷高效的物流环境。因此，城市物流不仅是市场问题、社会问题，也是城市管理问题，建设一个高效便捷的城市共配中心，可以有效解决城市配送的"最后一公里"问题，促进城市低碳绿色发展，打造智慧宜居生活环境，实现政府、企业、市民的多方共赢。

2.3.1 高效配送，解决城市配送"最后一公里"问题

在传统的物流模式下，各个城市都不太可能建设大型的配送中心，主要原因是单个物流公司货量还不够大，只有整个城市的货量集中分拣，才能使用大型分拣设备，从而产生规模效益，使分拣的成本降低。大型的统一物流分拣中心就像城市环岛一样，日夜不停地运转，把市外来件分拣到各个小区，同时把市内小区汇集上来的货件分拣出市，分拣效率很高。同样，由于是多个物流公司的货件统一发往一个小区，很容易就可以满车配送，从现在的一天两配做到一天四配，还可做到随到随配，每单包裹进入城市后无须在分拣中心等货配送。另外，分拣中心、配送车辆、无人小区驿站将大量使用大数据、云计算、物联网、人工智能等现代信息技术，提高生产效率，从而减少运输时间和成本，提升配送的及时性和准确性。

城市配送"最后一公里"面临的普遍问题有"三难""三高""三低"和"三污染"，"三难"即通行难、停靠难、卸货难，"三高"即人工分拣成本高、分拣场地成本高、分拣设备成本高，"三低"即人工效率低、机器效率低、配送效率低，"三污染"即尾气排放污染、快递包装污染、噪声污染。而城市共配能很好地解决这些问题。城市共配中心24小时运转，对来自城市外的不同物流企业送来的或者同城送来的快件进行分拣，分拣后统一发往不同小区，运送货物的配送车辆都是共享的，同样小区驿站也是共享的，由于共享了分拣、车辆、场地，成本大大降低。由于城市共配

是多个快递公司来货，货量大，所以集货时间短，配送频率提高。配送便捷、低成本、高效、无污染运行是城市共配的优势。

2.3.2 资源共享，实现政府、企业、市民多方共赢

以往的共享物流都局限于设备共享或部分物流环节的共享。设备共享包括共享信息系统、仓储设备、运输车辆等，物流环节共享包括共享运输、配送等。这两种共享形式都表现为单一的共享资源，而城市物流共享配送平台是一种多设施、多环节的资源共享形式，它把分拣设备、车辆、仓储设施、人力等物流资源整合起来，从而最大化物流资源的利用效率，减少资源浪费。此外，共享平台还可以促进物流服务提供商之间的合作和共享，加强资源整合，形成资源优势互补，提升整个城市的物流系统的运作效率和竞争力，实现可持续发展的目标。

资源共享能使城市共配实现多方共赢，它是一个可复制、可推广的"集约、高效、绿色、智能"的城市公共共享物流体系。

对于物流快递企业来说，只要支付较低的租金就可以完成高效的分拣与配送流程，在人力、场地、水电等成本都在上涨，货量越来越多的情况下，这是有利于物流快递企业的选择。

对于商家来说，同城电商发展越来越快，消费者线上下单，共配中心仓库线下快速分拣、快速配送，可以实现无接触配送，十分方便快捷。

对于厂家来说，"产地直销"越来越火爆，生产厂家通过直播形式销售产品后，直接将产品送往共配中心，通过快捷分拣后配送到消费者手中，可以真正实现生产与消费的"产消对接"。

2.3.3 低碳环保，促进城市低碳绿色发展

传统的城市物流模式是"N2M"模式，即 N 个物流公司配送到 M 个小区中，往往我们能够看到同一小区中有 N 家物流公司出现，这种同一配送线路上多家公司重复配送的模式存在着诸多问题，如造成交通拥堵、环境污染、资源浪费等，高能耗和大量的碳排放给城市的可持续发展和居民生活带来了不少困扰。而城市物流共享配送平台是"N2C2M"模式，即

N 个物流公司到 1 个共享平台中分拣货物，再统一将其配送到 M 个小区，通过这种集中配送和合理调度的方式可以减少重复运输，从而减少能源消耗和碳排放量，为城市创造更加清洁和可持续发展的环境。

我国当前也存在一些城市共配项目，但是这些共配基本上是共享快递柜和菜鸟驿站之类的企业共配，可以说是低水平的城市共配。而这里所说的是高层次的城市共配，需要通过不断的技术创新、制度创新和产业转型等促进城市共配模式的建设，该模式的建设反过来能够促进城市低碳绿色发展，尽可能地减少碳能源消耗和温室气体排放量，从而使多企业配送变为单个企业配送、多线程配送改为单线程配送的设想成为现实，大大减少交通工具的使用。分拣中心采用机器自动化 24 小时分拣，可以节省大量劳动力，无人值守的共用小区驿站也更加干净、整洁、卫生。资源合理配置，无污染、低减排，完全符合"碳中和、碳达峰"的绿色低碳发展愿景，也符合城市治理的方向。

2.3.4　人工智能，让城市生活更加智慧

城市共配中心将大量采用大数据、云计算、人工智能以及物联网等智慧技术化的手段，从而降低成本，提高整个物流体系的效率，增加客户满意度。机器分拣 24 小时不间断，分拣效率高。据调查，以广西来宾为例，快件进城后通常 6 个小时可以送到居民手中，但采用共配方式后 1 个小时就可以送达。同时，分拣中没有抛物行为，可以减少破损，提高配送质量。整个配送中心就像一个永不停歇的城市环岛一样，车从不同的岔路来（包裹从不同的快递公司来），又消失在不同的岔路中（分拣到不同的小区去），这让城市生活更加智慧。

智慧城市离不开人工智能，城市物流共享配送平台可以利用人工智能技术，如智能调度、路径规划、预测分析等，提升物流配送的智能化水平。人工智能可以根据大数据分析和实时信息，智能地分配和调度配送资源，提高配送效率和准确性。同时，人工智能还可以优化仓储和货物管理，提升物流服务的质量和用户体验。这有利于广大市民提高获得感、幸福感。

2.3.5 政府主导，打造宜居生活环境

城市治理中，人们关心的问题大多在交通、环卫、绿化、给水、排水、供电、供暖等方面，很少有城市管理者关注物流方面的问题，比如工厂的货是否能很快发出去，居民的快递能否很快收到。因为一直以来关于物流方面的问题都是社会、市场解决的问题，而非政府日常工作内容，所以没有人把它当成市场经济失灵的地方，总认为市场能解决的问题政府就不要插手。

但是，任由市场发展是不能建造出服务于多个社会群体和全体市民的共享共配中心的。城市居民需要更加便捷、可靠的物流服务，能够方便地获取所需商品，提升生活品质；快递公司需要共享共配中心提供更安全、高效、快速的物流分拣和配送服务；电商企业需要快速拣货、快速分拣、快速配送，缩短向外发货的时间，促进城市商业便利化；政府需要有效地吸引定居、置业与投资，加快绿色小区、绿色城市的建设，满足智慧城市的需求。不同人、不同组织需求各不相同，但无论是快递企业，还是城市商家、工厂，抑或是普通市民，只要支付低廉的租金给城市共配中心，其货物就能在这个城市畅通传送，十分方便快捷。由于租金低廉，利润就薄，低利润可能会导致市场失灵，这就需要政府参与投资和建设。

因此，城市共配中心具有公益性，需要政府的补贴运行，不能只是给政策、给土地那么简单，而需要城市管理者把它看成与其他所有的城市公共项目一样去建设，快递便捷了，环境整洁了，城市自然就宜居了。

总之，城市物流共享配送平台在现代城市建设中扮演着重要的角色，其在缓解交通拥堵、减少环境污染、促进城市经济发展和改善居民生活品质等方面发挥着重要作用。同时，平台的建设和发展对于提升城市物流运作效率、促进智慧城市建设也具有积极的影响。

2.4 城市物流共享配送平台的发展趋势

2.4.1 共享的城市物流是未来的方向

在这个瞬息万变的信息时代，电子商务蓬勃发展，移动互联网渗透到我们生活的方方面面，直播带货井喷式爆发，新零售也扑面而来，全渠道供应链要求深度整合线上销售与线下配送，各种社群营销、社区团购在城市中全面爆发，"最后一公里"新商业百花齐放，客户的深度服务诉求发生变化等诸多方面重构了城市物流配送行业。

电子商务的发展带来城市物流的猛增。2016年全国快递数量达到了313亿件，马云大胆预测"10年后每天将产生10亿件包裹"，但是，仅仅8年后的2022年，"双11"过后，每天的包裹量就超过了10亿件。物流量翻了10倍，但城市配送队伍人员没有增加10倍，这主要得益于物流技术的进步。

那么，再过10年，如果包裹量再翻10倍，达到每天100亿件，作为城市社会保障重要基础的城市物流，我们准备好了吗？我们还能有技术红利吗？那时候的城市物流成本我们可以承受吗？

无论是物流管理还是城市管理者，都必须认真思考以上问题。我们除了依靠技术进步，努力提高效率、降低成本，还需要改变现有的物流模式，把各个快递公司各自为政、独立配送的模式改为共享模式，否则劳动力资源枯竭、城市交通堵塞、空气污染、物流成本高企，将给城市居民带来很大的影响。

我们需要改变物流模式，把共享经济引入城市物流。共享经济的优势十分明显，它符合绿色环保的理念，可以节约资源、降低成本、提高效率，所以共享的城市物流才是未来的方向。

2.4.2 政府主导投资与建设是城市物流共享配送平台成功的关键

2.4.2.1 城市物流共享配送平台是一个投资规模大、获利能力差的项目

投资规模大是由于城市物流共享配送平台是一个大工程，需要做到日分拣100万件以上才能满足城市发展的需要，所需土地在5平方千米以上，分拣中心外围还需要配套仓库、加工车间等，同时还要建设完善的配送专用道路，购置专业的配送车辆，建设星罗棋布的无人值守小区驿站。由于平台投资规模巨大，投资回收期长，考验各方投资人的长远眼光，如果没有财政资金的支持是难以完成的。

获利能力差是由于城市物流共享配送平台具有公益性，它是为城市的高效、智能、环保、宜居而建设的，只能收取较少的租金以维持运营，一旦租金过高，快递公司就会自己配送，如果租金对快递公司失去吸引力，城市物流共享配送平台就会土崩瓦解。为了维持其正常运营，政府可以参考公交公司的补贴模式对其进行扶持。

2.4.2.2 要建成城市物流共享配送平台，就必须由政府主导投资与建设

（1）城市物流共享配送平台是公共服务项目。经过40多年的改革开放，我国的经济水平得到了较大的提升，政府角色定位和职能也发生了重大改变。在市场经济条件下，政府确立了作为管理社会事务和提供公共服务的角色，不再大包大揽地包办公共事务，但也并不意味着政府不管不顾公共服务，这从根本上决定了我国公共事业管理的主体必须是政府[28]。

（2）城市物流共享配送平台关系到城市物流的效率与质量，关系到城市交通拥堵、空气污染问题，关系到智慧城市建设，所以涉及政府、市民、快递公司、电商企业等多方的利益，它是一件公共事务，理应由政府主导投资和建设。当然，政府主导投资和建设不一定就是政府包揽该项目。近年来，我国政府开始在公共事业领域引入市场机制，如私人资本介入公共交通、自来水等领域，以及民营医疗机构、民办学校等。市场机制的引入使得一些公共事业性质的事业单位逐步向企业转制[29]。同样，城市物流共享配送平台的运营也可以采用政府与物流公司、电商企业、零售商

等多方合作共赢的混合经济模式，或者差额补助事业单位模式，或者亏损补贴企业单位等模式。

（3）政府是最合适的投资主体。这些年来大家普遍看好城市共配，但"雷声大，雨点小"，主要原因还是这个项目社会效益好但利润不高，所以大家都不愿意投资。以下具体分析几种投资情况：

第一，单个物流企业或其他商贸企业投资。由于投资额巨大但利润薄，所以不合适。最关键的是，由于物流信息安全得不到保障，其他物流企业不愿意将自己的业务分给别的物流公司。

第二，多个物流企业联合投资。这种方式表面上看很好，但随着各个物流企业实力的此消彼长，其内部矛盾会加剧，从而出现内部消耗，同时由于信息安全也没有保证，所以联盟很容易被瓦解。

第三，政府独立投资。这种方式保持了共享配送的中立性，有利于物流信息的保密，从而可以使其更好地发挥服务公共利益需求的作用。但是，这种方式会使政府越位，从而陷入英国学者哈丁提出的"公地悲剧"，导致效率变低，不符合公众利益。

第四，政府主导投资，同时吸收物流企业、其他生产企业、商业企业，组成混合经济体。这样政府能够很好地把握自己在城市共配中的角色，做到既不缺位又不越位，是比较好的方法。

2.4.2.3　政府控制有利于多方投资者的合作共赢

（1）政府控制有利于信息保密

无论是顾客的个人信息，还是公司的运作数据，都是非常重要的，需要增加数据信息的保密性，防止出现信息泄露的情况。但是，城市物流共享配送平台如果信息分级不严格，或人员操作不当，就很容易泄露信息，从而直接威胁到城市共配联盟。这就需要在城市共配体系中加强信息分级与保密制度的建设。特别重要的是，要保持共配中心经营管理者的独立身份，不能由某个快递公司控制和影响共配中心的运营，防止共配中心被操控[30]。

（2）政府控制有利于实现平台目标和公共利益

政府控制可以公平公正地平衡各投资主体的利益，主导确定城市物流共享配送平台项目的运营目标，以及出台产业扶持政策。政府必须发挥主导作用，积极投入城市物流共享配送平台的建设。我们之所以强调这个平台的公共性，是为了政府能从投入水电、公交等平台中吸取经验、把握方向，通过联合物流、地产等企业共同投资，从不同方向进行整合，如渠道共配整合以及产品共配整合。而在整合过程中最重要的任务就是要厘清政府在这个过程中应该发挥什么样的作用，如何引导相关从业者们树立共识，建立起高效的共同配送体系。物流行业不仅需要市场的微观调控，也需要政府的宏观调控，只有坚持政府的主导地位，联合好物流、地产等企业共同投资，才能建设好良好的城市物流共享配送平台。

当然政府控制也是宏观控制，城市物流共享配送平台还是要走市场发展的道路，进行公司化运营。政府可以为共同配送提供良好的共配平台，使城市共配得到各方的支持，从而实现持续发展。同时，政府需要发挥好与企业之间沟通的桥梁作用，引导企业向资源整合的方向发展，同时出台相关政策支持城市共配的发展，为共同配送体系建设提供相应的保障。

2.4.3 融入智慧城市建设是城市物流共享配送平台拓展壮大的主要路径

城市物流共享配送平台的建设需要系统筹划，并纳入智慧城市建设的大系统中。对于智慧城市来说，城市共配在其建设中占有一席之地。同时，城市共配也是智慧城市建设中比较重要的环节，它对于推动城市经济发展具有巨大的作用。城市共配通过充分利用互联网、云计算等电子信息技术的优点，以及合理利用城市的各种资源，推动智慧城市的建设。城市物流共享配送平台融入智慧城市建设后拓展壮大的主要路径如下：

（1）技术智能化

随着物联网、大数据、人工智能等技术的不断发展，城市物流共享配送平台将越来越智能化。平台可以通过物流数据的实时监测和分析，提供更精准的配送路线规划和调度方案，实现物流运输的高效和准时。同时，智能化的平台还可以通过自动化设备和机器人的应用，提升物流操作的效率和准确性。

（2）绿色可持续发展

环保意识的增强使得绿色配送成为城市物流共享配送平台的重要发展方向。平台将使用电动车、新能源车等环保交通工具进行配送，减少碳排放和能源消耗。同时，平台还将鼓励回收利用包装材料，减少资源浪费和环境污染。通过绿色可持续发展的理念，城市物流共享配送平台能够更好地满足社会对环境友好型物流的需求。

（3）多元化服务拓展

城市物流共享配送平台将逐渐向多元化服务拓展，不仅提供基本的物流配送服务，还提供增值服务。例如，平台可以提供仓储和库存管理服务，帮助企业降低仓储成本、提高库存周转率；同时，平台也可以提供"最后一公里"配送服务，满足消费者对于快速配送的需求。通过多元化服务的拓展，城市物流共享配送平台能够更好地满足不同用户的需求，提升用户体验和平台的竞争力。

（4）合作共赢模式

城市物流共享配送平台将更加注重合作共赢，加强与物流公司、电商企业、零售商等的合作，共同制定物流标准和规范，推动物流行业的发展和创新。同时，平台还将与政府部门合作，共同推动物流规划和城市管理的改善。

综上所述，城市物流共享配送平台的发展趋势包括共享经济、政府控制和智慧城市。这些发展趋势将推动城市物流共享配送平台不断提升服务质量和效率，满足用户需求，促进物流行业的创新和发展。同时，这些趋势也将为城市和社会带来更多的公共利益和福祉。

2.5　本章小结

本章主要介绍了城市物流共享配送平台的概念与特点。首先，我们对城市物流共享配送平台进行了概述，包括城市物流和城市共配的概述以及城市物流共享配送平台的概念。其次，我们详细探讨了城市物流共享配送平台的主要特点，包括多个物流环节、多种设备的共享，高度智能化、智慧化的运营方式以及面向公共服务、具有公益性。再次，我们讨论了城市物流共享配送平台的重要作用，包括解决城市配送"最后一公里"问题，实现政府、企业、市民多方共赢，促进城市低碳绿色发展以及推动智慧城市发展等。最后，我们探讨了城市物流共享配送平台的发展趋势，包括共享的城市物流是未来的方向、政府主导投资与建设是平台成功的关键以及融入智慧城市建设是平台拓展壮大的主要路径。

通过本章的阐释，我们深入了解了城市物流共享配送平台的概念、特点和作用，认识了它在城市发展中的重要性及其发展趋势，从而为推动城市物流共享配送平台的建设和发展提供了有益的参考和借鉴。

3 城市物流共享配送平台的运行机制

城市物流共享配送平台的良好运行机制是保证平台顺利运作和实现高效配送的核心要素。本章主要探讨了城市物流共享配送平台的组织与管理模式、配送中心的建设与运营管理、配送网络的建设与营运以及小区自动收发快递驿站的运营。通过对这些方面的深入研究和分析，我们可以了解城市物流共享配送平台的运行机制和管理策略，从而为实现高效、可持续的物流运作提供指导和启示。

3.1 城市物流共享配送平台的组织与管理模式

本节将深入研究城市物流共享配送平台的组织与管理模式，主要从组织模式的选择与设计、管理机构的建立与运作、信息技术的支持与应用，以及合作伙伴关系的建立与维护四个方面进行探讨，以期为城市物流共享配送平台的运行机制提供理论和实践的指导。

3.1.1 组织模式的选择与设计

城市物流共享配送平台的组织模式是指在城市物流配送领域中，通过合理组织和管理的方式，实现物流资源的共享和优化，从而提高物流配送的效率和服务质量。城市物流共享配送平台组织模式的选择与设计，应主要考虑符合平台的规模、特点和目标。由于平台规模比较大，具有公益性特点，要满足城市未来暴增的物流快递的需要，还要满足未来智慧化城市发展的目标，所以城市物流共享配送平台应当是政府主导的一体化的组织模式。

3.1.1.1 政府主导型组织模式

在政府主导型组织模式中，政府在城市物流配送领域起到主导、引导和协调的作用。政府制定相应的政策和规范，鼓励物流服务提供商和配送企业采取共享配送模式，并提供相应的支持和激励措施。政府主导型组织模式能够推动物流共享配送的发展，促进城市物流的绿色和可持续发展，它主要包括以下几个方面[31]：

（1）政府主导投资

由于城市物流共享配送平台利润低，具有公益性质，社会资本的投资意愿不是很高。只有通过政府搭台，并给予优惠政策支持和优厚的补贴待遇，才能吸引物流企业、电商企业、供应商以及其他投资者参与。

（2）政府对平台的有效控制

城市物流共享配送平台是市场化运行的公共服务企业，公司日常运行都遵循公司化运行模式，但其重大战略决策必须在政府的有效控制下运行，如服务价格的制定、服务标准的制定、收益分配等，都需要政府的参与。平台所涉及的物流企业、电商企业、供应商都应当保持第三方的中立原则，严守商业秘密，公平公开为社会公众服务，其经管管理权也不受其他股东或个人的左右。

（3）政府主导稳定合作伙伴关系

政府主导可以让合作各方关系长期化，包括物流服务提供商、电商企业、供应商和消费者等。各方合作共同推动物流资源的共享和协同，可以提高服务水平和用户满意度。同时，还需要建立有效的合作机制和约束机制，确保各方的权益和利益得到平衡和保障。

（4）政府补贴共享配送平台

尽管城市物流共享配送平台采用公司化运营方式，以提高服务质量和运营效率，但是平台以社会效益为重的理念不会改变，平台所收取的仓储、分拣和配送的费用都很低，走公益化道路。因此，政府需要把它看成公益项目，每年给予适当的政府补贴。

3.1.1.2　一体化组织模式

城市物流共享配送平台的一体化组织模式是一种综合性的管理方式，该模式通过整合管理平台、数据信息、物流仓储、物流分拣、物流配送以及物流小区驿站形成一个整体，实现内部物流资源的共享和协同，从而提升城市物流配送的效率和可持续性[32]。一体化组织模式主要包括以下几个方面：

（1）平台的整合与管理

建立一个统一的管理平台，负责整合各种物流服务提供商、电子商务企业、政府、城市公民等各方资源和配送网络。该平台作为物流服务提供商和用户之间的桥梁，可以提供统一的接口和标准，方便政府、企业和个人的协同合作和资源共享。同时，平台还可以负责对货物进行仓储、分拣、配送、驿站服务等方面的调度和管理，以提高城市物流的效率和可控性。

（2）数据的共享与分析

建立统一的数据平台，收集和整合进入城市的包裹相关物流数据，以及向市外发货的物流数据，如货物所属物流公司、发货来源、流向小区、分拣信息、车辆位置、订单信息、驿站信息等。对这些数据进行分析和挖掘，可以实现物流配送过程的优化和智能化，从而提高配送效率和准确性。

（3）电商的存储与拣货

建立统一的城市电商配送存储仓库，城市居民在电商平台上下单后，机器人迅速从仓库中拣货，再通过梁轨将包裹送进大型分拣中心，再配送到小区，完全实现 1 小时内的网购，居民足不出户，商家无店铺销售。

（4）共享全自动分拣

建立统一的大型全自动分拣设备，让不同物流公司的包裹集中在这个日夜不停的设备中进行分拣，可以提高分拣速度，降低分拣成本。

（5）配送网络的建设与优化

在全市内合理规划和布局配送网络，设定统一、高效的配送路线和节点，可以利用智能调度算法和优化模型，对配送车辆进行合理的调度和路径规划，降低配送成本和减少运输时间。同时，还可以通过引入新的配送方式和技术，如无人机、自动驾驶车辆等，进一步提高配送效率和服务质量。

（6）小区驿站的管理与赋能

在全市建立统一的多功能无人值守小区驿站，给小区驿站赋予更多的功能，如读书读报、休闲娱乐等，解决好"最后一公里"问题。

城市物流共享配送平台的一体化组织模式可以提高物流资源的利用效率和物流服务的质量，实现物流配送的优化和可持续发展。整合和协同不同的物流服务提供商和配送网络，可以实现资源共享和协同合作，提高城市物流的整体效益和社会效益。

3.1.2 管理机构的建立与运作

建立合适的管理机构是保证城市物流共享配送平台正常运行的关键。该机构应设立相应的职能部门，负责平台的日常管理、物流资源调配和服务质量监控等工作。同时，还需要建立科学的绩效评价体系，激励管理人员和服务提供者的积极性和创新性。

3.1.2.1 管理机构设置

根据平台业务需求和实际情况，设置如图 3.1 所示的管理机构。

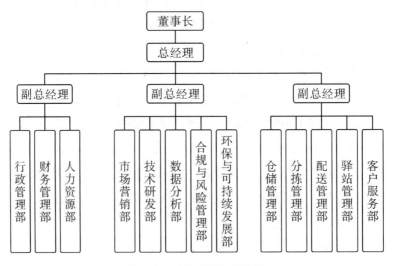

图 3.1 平台管理机构设置

3.1.2.2　机构管理部门基本职能

①行政管理部：负责协调和管理平台的行政事务。处理日常办公事务，如文件管理、办公设备采购和维护、档案管理等；负责办公空间的规划和管理，协调各部门的协作和沟通。

②财务管理部：负责财务管理、资金运作和成本控制等工作。该部门通过制定和执行财务策略，进行预算编制和资金调度，确保平台的财务稳定和可持续发展。

③人力资源部：负责招聘、培训、绩效管理、薪酬福利等人力资源管理工作。该部门为平台建立合适的人才队伍，并建立员工发展和激励机制，以支持平台的稳定运行和发展。

④市场营销部：负责市场推广和品牌建设等工作。该部门通过制定市场营销策略，开展品牌宣传和推广活动，吸引更多用户和物流服务提供商加入平台。

⑤技术研发部：负责研发和创新物流技术，如物流优化算法、智能调度系统、配送跟踪技术等。该部门通过不断推动平台技术的升级和创新，提高物流配送的效率和可靠性。

⑥数据分析部：负责收集和分析物流数据，提供数据支持和决策依据。该部门通过数据分析，挖掘潜在的优化和改进点，为平台提供数据驱动的决策和战略。

⑦合规与风险管理部：负责监管和合规事务，处理法律、风险和安全方面的问题。该部门会制定合规政策和流程，确保平台运营符合法规要求，并管理潜在的风险和安全隐患。

⑧环保与可持续发展部：负责推动平台的环保和可持续发展工作。该部门可以制定环保政策和措施，促进绿色物流配送，减少能源消耗和环境污染。

⑨仓储管理部：负责仓库管理和库存控制等工作。该部门通过制定仓储策略和管理规范，确保物流资源的合理调配和库存的及时更新，以保证平台的高效配送和服务质量。

⑩分拣管理部：负责分拣中心的建设和运营管理。该部门通过制定分

拣流程和管理标准，确保分拣工作的准确性和效率，以支持平台的订单处理和配送流程。

⑪配送管理部：负责配送路线规划和配送车辆调度等工作。该部门负责优化配送网络和路径规划，确保配送服务的准时性和高效性，以满足用户的需求。

⑫驿站管理部：负责小区自动收发快递驿站的运营管理。该部门负责驿站的建设和设备维护，协调配送人员和用户的交流，提供便捷的自助取件和寄件服务。

⑬客户服务部：负责处理用户的投诉、咨询和售后服务等工作。该部门与用户进行沟通和反馈，解决问题并提供支持，从而提升用户满意度和忠诚度。

以上部门可以根据实际情况进行调整和合并，以适应城市物流共享配送平台的规模和特点。此外，还需要建立跨部门的协调机制，确保各部门之间的信息共享和协同工作，以提高平台的整体管理效能。

3.1.2.3 平台管理激励机制

建立科学的激励机制，能够激发平台管理人员的积极性和创新性，提高整体配送效率和服务质量。同时，也能够增强平台管理人员对平台的归属感和忠诚度，促进平台的稳定发展。平台管理激励机制具体如下：

（1）基于绩效的奖励制度

根据平台管理人员的绩效表现，设立奖励机制。平台可以设定一定的配送量、准时率、客户评价等指标，并根据达成程度给予相应的奖金或福利，如绩效奖金、加班补贴、健康保险等。这样能够激励配送员提高工作效率和质量，同时增强他们的归属感和工作动力。

（2）优质服务奖励

设立优质服务奖励机制，鼓励配送员提供卓越的客户服务。平台可以根据客户的评价和反馈，对表现出色的配送员给予额外的奖励或荣誉称号，如最佳服务员、客户满意度奖等。这样的激励措施可以促使配送员更加关注客户需求，从而提供更好的服务。

（3）创新和改进奖励

鼓励配送员提出新的创意和改进方案，以提高配送效率和优化用户体验。平台可以设立创新奖励机制，对能够有效改进工作流程、提升配送效率、降低成本等的配送员给予奖励或激励，如创新奖金、专利奖励等。这样能够激励配送员积极思考和提出改进方案，推动平台的创新和发展。

（4）职业发展机会

为配送员提供职业发展和晋升机会，制订职业发展路径和培训计划。平台可以通过培训和晋升机制，激励配送员提升自己的能力和素质，同时可以提供更高级别的职位和薪酬待遇，以增加其对平台的忠诚度和归属感。

（5）公平和透明原则

确保激励机制的公平和透明，避免任何形式的歧视或偏见。激励标准和流程应该明确、公开，平台应公正地评估配送员的表现。

3.1.3　信息技术的支持与应用

信息技术在城市物流共享配送平台的组织与管理中起着重要的作用。建立有效的信息系统，可以使平台实现物流资源的实时监控、信息共享和智能调度。同时，平台还可以利用大数据分析和人工智能等技术手段，优化配送路径和提升服务质量。城市物流共享配送平台信息技术的支持与应用方案，应当包括以下几个方面：

（1）物流管理系统

平台可以建立一个全面的物流管理系统，包括包裹管理、仓储管理、订单管理、分拣管理、路线规划、配送调度、驿站管理等功能。通过实时监控、智能调度和优化算法，平台可以提高配送效率和准时率，保障包裹从进入城市到读码、合流、重新打码、分流、分拣、配送、进入驿站等环节的信息是通畅的，方便管理人员进行调度和监控。同时，物流管理系统应支持各个快递公司的配送员能实时定位和准确监控自己的每一个包裹，支持电商企业或包裹主人掌握包裹的动态信息。

（2）移动应用程序

平台可以开发一款移动应用程序，供配送员、电商人员、供应商、市民使用。该应用程序可以提供订单上传、订单接收、导航指引、拍照上传、签收确认等功能，方便相关人员实时接收和处理订单，并与物流管理系统进行实时数据同步。

（3）数据分析与预测

平台可以利用大数据分析和机器学习技术，对历史数据进行分析和挖掘，提取有价值的信息和规律。基于数据分析的结果，平台可以进行配送路线优化、需求预测、库存管理等决策，从而提高配送效率和降低成本。

（4）电子支付与结算

平台可以引入电子支付与结算系统，实现在线支付和结算。配送员和客户通过手机应用程序或网站进行支付和结算，可以提高支付速度和便利性，减少纸质流程和人工操作。

（5）数据安全与隐私保护

平台应当确保系统的数据安全与隐私保护。平台可以采用合适的加密和安全措施，保护用户和企业的数据不受未授权访问、不被泄露。同时，平台应当遵守相关法律法规，保护用户的个人隐私和数据权益。

（6）人工智能与物联网技术

平台可以结合人工智能与物联网技术，实现智能化的物流管理。通过传感器、无人机、自动化设备等技术，实现实时监控、自动化操作和智能决策，提高物流效率和质量。

以上是一个初步的设计方案，具体的实施细节需要根据平台的具体需求和情况进行进一步的讨论和设计。这些信息技术的支持与应用方案可以提升城市物流共享配送平台的运营效率、客户体验和竞争力，促进平台实现可持续发展。

3.1.4 合作伙伴关系的建立与维护

城市物流共享配送平台的成功运行离不开与各方合作伙伴的紧密合作[33]。平台应当与供应商、物流公司、配送人员和用户等各方建立良好的合作伙伴关系，共同推动资源共享和公共服务的发展。同时，平台也需要建立有效的合作机制和风险分担机制，确保各方的利益得到平衡和保障。根据城市物流共享配送平台的具体情况可以设计以下合作伙伴战略方案：

（1）明确合作伙伴选择准则

平台应明确合作伙伴的选择准则，包括供应商、物流公司、配送人员和用户等各方，考虑其资质、信誉、服务质量、成本等因素，选择有竞争力且符合平台战略目标的合作伙伴。

（2）建立共享资源与信息机制

平台应建立共享资源与信息的机制，促进合作伙伴之间的信息共享和资源协同。通过共享订单信息、库存信息等，平台可以优化供应链协同，提高配送效率和服务质量。

（3）建立契约与合作机制

平台应建立明确的契约与合作机制，确保各方的权益和责任得到明确界定。同时，平台应明确合作伙伴的角色和责任，制定合作协议，明确合作伙伴的权益、义务和风险分担机制。

（4）建立共同发展与共享利益机制

平台应建立共同发展与共享利益的机制，鼓励合作伙伴积极参与平台的发展和创新。通过分享平台的业务成果和利润，平台可以激励合作伙伴共同努力，推动资源共享和公共服务的发展。

（5）建立持续沟通与合作机制

平台应建立持续沟通与合作的机制，定期召开会议交流经验和问题，并及时解决合作过程中的困难和矛盾。建立良好的沟通渠道，可以加强合作伙伴之间的互信和合作关系。

（6）建立风险管理与合规要求机制

平台应建立风险管理与合规要求的机制，确保合作伙伴的合法合规运营。合作伙伴应遵守相关法律法规和行业规范，建立合规管理体系，共同应对潜在风险和挑战。

通过以上战略方案，城市物流共享配送平台能够建立和维护与合作伙伴之间的良好关系，实现资源共享和公共服务的发展；同时，能够确保各方的利益得到平衡和保障，推动平台的可持续发展，提升平台的市场竞争力。

3.2　配送中心的建设与运营管理

3.2.1　配送中心的重要性和作用

在城市物流共享配送平台中，主要的设施设备有配送中心、配送车辆和小区驿站三部分，其中，配送中心扮演着最重要的角色，配送中心在城市物流共享配送平台中具有仓储、分拣、质量控制和数据管理等多种功能，能够实现提高物流效率、降低物流成本、提升服务质量和满足用户需求的多个目标，其重要性和作用主要体现在以下几个方面：

（1）优化仓储管理

在配送中心的分拣线大楼的外围，是电商企业或供应商的共享仓库，它们是存储临时性商品的场所，可以对未来销售到城市的各类商品进行短期存储和管理。当收到市民下单后，共享仓库中的机器人就会在较短的时间内完成拣货任务，并传送到分拣大楼，完成分拣后，将货物配送进入城市小区，使得分拣和配送时间大大减少。同时，这些仓库通过合理的仓储布局，可以最大限度地利用仓储空间，提高货物周转率，减少仓储成本。

（2）集中化货物分拣

配送中心内的分拣大楼作为一个集中的物流枢纽，可以接收来自不同供应商和物流公司的货物，进行集中化的分拣，再通过合理的分拣流程和技术设备，将货物按照订单要求进行分类和打包，以提高分拣效率和准确性。

（3）提高配送效率

配送中心可以集中不同物流公司的包裹进行分拣和优化配送路线，实现批量配送和合并配送的效果，减少配送车辆的数量和行驶里程，降低物流成本，同时缓解城市交通拥堵和减少环境污染。合并配送使得配送频次增加，可以大大加快物流速度。

（4）提升服务质量

配送中心可以进行质量控制和验收，确保货物的质量和完整性。同时，合理的包装和标识便于配送员进行快速、准确的配送，可以提升用户的满意度，增强平台的竞争力。

（5）数据集中管理

配送中心作为物流数据的集中点，可以收集和管理各方的物流数据。对数据进行分析和挖掘可以帮助平台优化物流流程、预测需求、提高配送效率，并为平台的决策提供有价值的信息支持。

3.2.2　配送中心的建设

3.2.2.1　配送中心的选址

城市物流共享配送平台的配送中心与传统意义的物流配送中心相比，其投资规模更大、建筑面积更大、分拣线更长，因为它是为整个城市服务的，集成了本市内原有的所有物流快递公司的分拣线，同时还建设有电商共享仓库，为无店铺电商和供应商分拣商品，所以其选址有特殊性，重点需要考虑以下两大因素：

（1）交通便利性

应当选择郊区、靠近主要道路和交通枢纽且交通便利的地理位置，以便各快递公司送货进入配送中心和从配送中心收货。同时，由于进城、出城货量大，要充分考虑周边道路的通行能力和交通拥堵情况。

（2）建筑空间需求

根据平台的物流需求和预期的货物量，分拣中心大楼、共享仓库、电商大楼、加工大楼、信息大楼等所需要的建筑面积较大，未来还有住宅楼、工厂、装配线等附属设施，所以要考虑到未来的扩展需求，可以适量超额规划配送中心面积，至少5平方千米。

3.2.2.2　配送中心的布局与规划

配送中心布局、规划合理，能够提高仓储、分拣和配送效率，降低运营成本，并为平台的可持续发展打下基础。配送中心的布局与规划具体包括以下几个部分：

（1）仓库布局规划

配送中心应根据未来无店铺电商规模和供应商规模，合理预估所需的仓储空间大小，合理规划仓库的布局；根据货物种类和流动性，划分不同的存储区域，并确定货架和储物设备的摆放方式；根据未来设备技术的要求，合理规划仓储空间，如适合高层自动化存储货架的仓库，以及适合机器人拣货的扁平阁楼仓库，以提高货物存储和取货的效率。

（2）设备与技术支持规划

配送中心应根据未来的发展规模和需求，确定合适的设备和技术支持。如自动分拣机、输送带、滑槽、机器人、AGV 小车、自动化包装设备等，可以提高分拣效率和准确性。同时，应用物流信息技术，如条码扫描、RFID 技术等，可以提高数据管理和配送的效率。

（3）安全与环境规划

配送中心应注重安全和环境保护，规划合理的消防设备和安全出口，确保员工和货物的安全。同时，要遵守环境保护要求，合理处理垃圾和废物，并采取相应的环保措施。

（4）未来扩展规划

配送中心应在规划中考虑未来的扩展需求，如充分考虑未来电商发展以及供应商就近配送中心建厂的需求，根据平台的发展预期，预留空间和资源，以便在需要时能够进行扩建和改造。

3.2.3　配送中心的运营管理

城市物流共享配送平台配送中心的功能主要是分拣与仓储，同时，配送中心还是整个平台的信息中心、客服中心、账务中心和行政中心，以下分别就分拣管理、仓储管理、信息管理、客服管理、财务管理和行政管理六个方面论述配送中心的运营管理。

3.2.3.1　分拣管理

分拣管理是将使用各种运输方式的快件集中到一起，按照目的地进行分类的过程。分拣管理是整个物流配送中心最重要的环节，起着对本区域业务组织管理以及与其他区域业务联系的重要作用。在分拣中心能实现多项快件作业，包括分拨、分拣、查验、集装等。其主要作业有进港作业和出港作业。

（1）进港作业

进港作业主要是指外地区货物送达本区，或者从本地仓库中拣选出来要进入市内的货物，在本地分拣中心进行分拣、集装、发运到城市各小区的过程（见图3.2）。

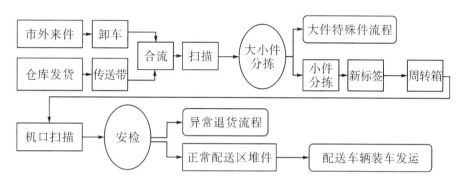

图 3.2　分拣中心货物进港作业流程

（2）出港作业

出港作业主要是指本地区货物向外发送，即从城市各区归集到配送中心的货物以及本地仓中拣选出来要发往外地的货物进行分拣、集装、发运出城的过程（见图3.3）。

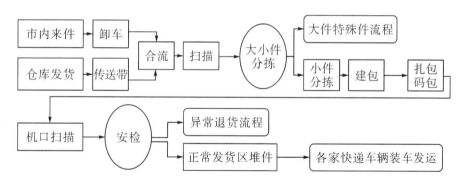

图 3.3　分拣中心货物出港作业流程

进港作业流程和出港作业流程十分相像，但它们有本质的区别。进港作业分拣前主要是市外各快递公司运送来的货件，因此要保证有多个卸车口便于卸车，卸车口可以设计在分拣中心大楼的最上层。货件经进港作业分拣后是通过市内配送车辆运进市内的，因此分拣口的设计要与运送市内无人值守小区驿站的配送车辆相匹配，可以设计在最下层，便于市内配送车辆装车配送。同样，市内收集货件也在顶楼卸车，出港的各公司车辆也在底层装车发运，这样进出不同线，交通就不会拥堵。

为了提高分拣效率和准确性，分拣采用自动化设备和系统，在整栋分拣大楼内完成进港与出港的分拣。同时，分拣中心可以使用传送带、自动分拣机、条码识别技术等先进的自动化、智能化设备，提升分拣的现代化与自动化水平。根据快件的集散流向不同以及快件属性、状态不同，分拣中心将快件在分拣方式、流程以及功能区域划分上做了细分，操作流程上根据不同的快件进行相应的设计，以做到集散的高效化、货流的合理化、信息的自动化、机械的高利用和配装的标准化。

3.2.3.2 仓储管理

仓储管理是配送中心的重要环节。为了推动城市电子商务的发展，分拣大楼周围建设有常温仓库和冷冻仓库，专门存储无店铺电商销售的城市居民日常使用的商品，当市内用户下单后，即进行仓库拣货，通过传送带传送进入分拣中心，经过分拣后配送到各小区（见图3.4）。

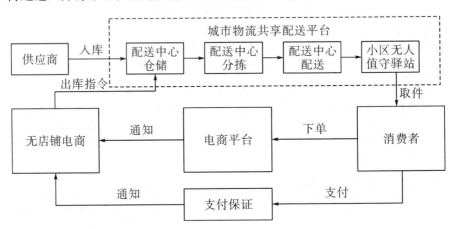

图3.4 城市物流共享配送平台在无店铺电商销售中的应用

仓储管理包括入库作业、在库作业和出库作业。

（1）入库作业

①接收货物。当电商企业或供应商将产品送到配送中心时，仓库工作人员需要进行货物接收。接收时需要检查货物数量和质量，并与电商企业

的发货单进行核对。

②验收货物。仓库工作人员对接收到的货物进行验收。验收内容包括货物的完整性、数量是否与发货单一致以及货物的质量是否符合要求。同时，还需要进行必要的记录和标记，以方便后续的存储和管理。

③上架存储。验收通过的货物需要进行上架存储。货物是由机器人根据货物的特性和仓库的布局上架的，机器人上架主要采用哪里有空位就上架在哪里，以提高上架的效率，无须担心出库时机器人找不到货物。当然，不同性质的货物上架也是有规律的，比如价值高的，或者小件的，或者书籍等会放在不同的货架上，以保证储藏质量。

（2）在库作业

①库存盘点。尽管基于配送目的的储存由于存储周期非常短，盘点难度大，但定期进行库存盘点还是在库管理的重要环节。仓库工作人员需要按照预定的时间和频率对货物进行盘点，以核实实际库存与系统记录的库存是否一致。盘点过程中需要仔细记录盘点结果，并及时更新库存信息。

②库存整理。在库管理中，还需要对库存进行整理和优化，包括清理过期或损坏的货物，调整货物的摆放位置，确保货物存储的合理性和整洁度。同时，也需要注意货物的分类和标识，以便快速查找和取货。

（3）出库作业

①订单拣货。当市内用户在电商平台下单并支付保证款项后，平台通知商家确认交易，商家通知仓库拣选商品，仓库工作人员需要根据订单信息进行拣货，拣货采用机器人自动拣货或者机器人货到人辅助拣货方式。拣货过程中，仓库机器人根据货物的存放位置和订单要求，找到相应的货物，将货架带到拣货人面前，由仓库工作人员进行拣货。机器人拣货更能保证准确性和高效性，以满足订单及时发货的要求。

②包装和传送。拣货完成后，工作人员需要根据货物的特性和订单要求，选择合适的包装材料，对货物进行包装，再将包装好的货物按照订单信息进行打码，最后通过传送带传送到分拣大楼进行分拣。

3.2.3.3 信息管理

信息管理是城市物流共享配送平台不可或缺的一部分。建立高效的信息管理系统，可以实现订单的快速处理和跟踪，提供准确的库存信息，并进行数据分析来优化物流运作。信息管理系统不仅能提高配送中心的运营效率，还能为管理层提供数据支持，帮助其做出更好的决策。快递公司、电商、供应商、消费者将货件提交到城市物流共享配送平台后，需要通过信息管理系统查询货件的状态；因此，配送中心的信息管理作业流程涵盖了订单管理、配送跟踪、库存管理和数据分析等多个方面。

（1）订单管理

①订单接收。当市内用户下单后，配送中心的信息管理系统接收到订单信息。然后，系统需要自动将订单信息导入订单管理模块，并为每个订单生成唯一的订单编号。

②订单处理。订单处理包括订单的分配、审核和确认等环节。根据配送中心设定的分配规则，系统将订单分配给对应的仓库或配送车辆，并进行审核确认。订单审核包括验证订单信息的准确性和可行性，如货物数量、收货地址等。

③订单跟踪。一旦订单被确认，配送中心的信息管理系统会自动更新订单状态，并提供订单跟踪功能。各快递公司及用户可以通过系统查询订单状态，包括订单的配送时间、配送状态和预计到达时间等。

（2）配送跟踪

①配送计划制订。根据订单的特性和配送要求，配送中心的信息管理系统会制订配送计划，方便各快递公司查询货件。配送计划包括选择合适的配送车辆、安排合理的配送路线和确定配送时间等。

②配送执行。配送执行阶段需要与配送车辆的信息系统实现对接，实时监控配送车辆的位置和运输状态。信息管理系统可以通过 GPS 定位技术和物联网技术，实现对配送车辆的实时追踪和监控。

③配送记录和分析。配送中心的信息管理系统会记录每个订单的配送历史和配送数据。这些数据可以用于后续的配送分析，以优化配送路线、提高配送效率和减少配送成本。

（3）库存管理

①入库管理。当货物到达配送中心时，仓库机器人将对货物进行入库

操作，并在信息管理系统中更新库存信息。入库操作包括记录货物的数量、品质和存放位置等。

②在库管理。在库管理阶段，信息管理系统会实时监控库存数量及其变动情况。当货物被拣货出库时，系统会自动扣减库存数量，并更新库存信息。

③出库管理。根据订单的要求，仓库工作人员会按照信息管理系统提供的拣货指引进行货物的拣选和出库操作。同时，系统会实时更新库存信息，并生成出库记录。

（4）数据分析

①数据收集。配送中心的信息管理系统会收集订单、配送和库存等相关的数据。这些数据包括各快递公司的快件信息、订单数量、配送时间、库存变动等。

②数据分析。对收集到的数据进行分析，可以得出关于物流运作的有价值的信息。比如，可以分析快递的分布情况，从而优化配送路线，减少配送成本；还可以分析库存变动情况，从而及时调整库存策略。

③数据报告和决策支持。通过信息管理系统生成的数据报告，可以为管理层提供决策支持。这些报告包括各个环节的运营指标、问题分析和改进建议等。

3.2.3.4　客服管理

客服管理是城市物流共享配送平台与快递公司、电商、供应商以及消费者之间的重要联系环节。建立良好的客户服务团队，提供及时、准确的信息反馈和问题解决方案，加强对客户满意度的管理和评估，可以提升客户体验，增强客户忠诚度。城市物流共享配送平台的客户服务管理涉及客户投诉处理、客户问题解决和服务质量管理等方面。

（1）客户投诉处理

①投诉接收。当客户遇到问题或不满意的情况时，配送中心的客户服务团队需要及时接收投诉。由于这是一个公共服务平台，在一定程度上代表政府部门的形象；因此，要建立好物流客户服务管理系统（CRM），通过 CRM 上的电话、邮件、在线聊天等多种渠道接收客户投诉，并进行记录。

②投诉登记和分类。CRM 系统能够很好地对接收到的投诉进行登记，并根据投诉的性质和内容进行分类。常见的投诉分类包括配送延迟、包裹损坏、配送错误等。

③投诉调查和核实。客户服务团队要及时跟进投诉调查和核实，了解投诉背后的问题和原因，可以通过与相关部门和人员的沟通和协调，获取必要的信息和证据。

④投诉处理和解决。客户服务团队需要根据投诉的性质和情况，制定相应的解决方案，包括补偿、退款、重发等措施。同时，还需要及时向客户反馈解决方案，并进行跟踪和确认，确保问题得到妥善解决。

（2）客户问题解决

①问题接收和记录。除了投诉外，客户还可能遇到其他问题，如查询订单状态、更改配送地址等。客户服务团队需要及时接收和记录这些问题，并为每个问题生成唯一的问题编号。

②问题分析和解决。客户服务团队需要根据问题的性质和内容分析和解决问题，可以通过查阅系统记录、与相关部门沟通和协调，找出问题的原因，并提出解决方案。

③问题反馈和跟踪。客户服务团队需要及时向客户反馈问题的解决方案，并跟踪确认问题是否得到解决。如果问题无法立即解决，需要及时向客户说明原因，并提供相应的解决时间。

（3）服务质量管理

①客户满意度调查。定期进行客户满意度调查是服务质量管理的重要环节。客户服务团队可以通过问卷调查、电话回访等方式，了解客户对配送中心服务的满意度和意见建议。

②服务质量评估。客户服务团队需要根据客户满意度调查结果和其他指标，对服务质量进行评估，可以制定评估指标和标准，对不同环节的服务质量进行量化评估，并进行分析和改进。

③服务质量改进。客户服务团队需要根据评估结果，制定改进措施，提升服务质量。改进措施包括通过培训提升员工技能水平、优化流程和规范操作等。

④客户关系管理。客户服务团队需要与客户建立良好的关系，并进行有效的沟通和互动，可以通过定期发送客户关怀邮件、提供专属优惠等方式，增强客户对配送中心的信任和忠诚度。

3.2.3.5 财务管理

财务管理是城市物流共享配送平台运营管理不可或缺的一环。建立科学的财务管理制度，加强对物流成本的管控，提高收入的回款率，进行财务分析来发现问题和优化经营决策，制定合理的预算和财务目标，是物流配送中心运营管理的重要任务。同时，城市物流共享配送平台是城市的公共服务平台，由于服务价格低，不以营利为目的，其财务管理难度更大，它涉及成本控制、收入管理、财务分析和预算编制等方面。

（1）成本控制

①成本分类和核算。城市物流共享配送平台采用公司制管理，可以借鉴城市公交、供暖等公共服务单位的成本控制模式对各项成本进行分类和核算。常见的成本包括人力成本、车辆运营成本、仓储管理成本等。

②成本监控和分析。财务部门需要对各项成本进行监控和分析，通过及时收集、整理和分析成本数据，了解成本的构成和变动情况，便于分拣、配送的定价，以及及时发现成本异常和问题，并采取相应的措施进行成本控制。

③成本优化和节约。财务部门需要与其他部门紧密合作，寻找成本优化和节约的机会。财务部门可以通过优化运输路线、提高物流效率、降低人力成本等方式，实现成本的优化和节约。

（2）收入管理

①收入核算和管理。城市物流共享配送平台需要对各项收入进行核算和管理。常见的收入包括分拣服务收入、配送服务收入、存储服务收入、政府补贴收入等。财务部门需要确保收入的准确核算和及时入账，并进行相应的管理和监控。

②收入回款管理。财务部门需要加强对收入回款的管理，通过建立健全的回款流程和制度，及时追踪和催收欠款，确保收入的及时回笼，提高回款率。

③收入分析和优化。财务部门需要对收入进行分析和优化，通过分析各项收入的构成和变动情况，发现收入增长的机会和潜力，并制定相应的营销策略和措施，从而优化收入结构。

（3）财务分析

①财务报表分析。财务部门需要及时编制和分析财务报表，包括资产负债表、利润表和现金流量表等。通过分析财务指标和比率，财务部门可以了解平台的财务状况和经营绩效，发现问题并提出改进措施。

②经营指标分析。财务部门需要制定和分析一些关键的经营指标，如成本收入比、运营效率指标等。通过对这些指标进行分析，财务部门可以了解平台的经营情况，发现问题并提出改进措施。

③预测和预警分析。财务部门需要进行预测和预警分析，以提前发现潜在的财务风险和问题。通过建立合理的预测模型和预警指标，财务部门可以及时采取相应的措施，防范和化解财务风险。

（4）预算编制

①收入预算编制。财务部门需要根据历史数据和市场情况，制定收入预算。预算应包括各项收入来源和预期收入金额，以及收入的分布和增长情况。财务部门可以通过制定合理的收入预算，帮助管理层做出准确的经营决策。

②成本预算编制。财务部门需要根据历史数据和经验，制定成本预算。预算应包括各项成本项目和预期成本金额，以及成本的分布和变动情况。财务部门可以通过制定合理的成本预算，帮助管理层控制成本、优化资源配置。

③资本预算编制。财务部门需要根据公司的发展战略和需求，制定资本预算。预算应包括投资项目、预计投资金额、预期收益和回收期等。财务部门可以通过制定合理的资本预算，帮助管理层做出明智的投资决策。

④预算执行和控制。财务部门需要监控和控制预算的执行情况，同时通过与各部门的沟通和协调，确保预算的合理执行，及时发现偏差和问题，并采取相应的措施进行调整和控制。

⑤预算分析和优化。财务部门需要对预算进行分析和优化。通过与实

际情况的对比，财务部门可以分析预算的合理性和有效性，发现问题并提出改进措施，不断优化预算的制定和执行过程。

3.2.3.6 行政管理

行政管理是城市物流共享配送平台的基础管理工作，行政管理中心地址应设置在物流配送中心中。建立健全的行政管理制度和流程，合理规划人员编制和岗位设置，加强对物资和设备的管理和维护，可以确保物流配送中心的正常运行和安全运营。行政管理中心涉及人员管理、设备维护和安全管理等方面。

（1）人员管理

①人员招聘与培训。行政管理中心应根据物流配送中心的需求，进行人员招聘和培训工作。通过招聘合适的人员，并进行必要的培训，确保人员具备所需的专业知识和技能。

②岗位设置与职责分工。行政管理中心应合理规划人员编制和岗位设置，明确各岗位的职责和权限。明确的职责分工可以提高工作效率，避免职责冲突和重复劳动。

③薪酬管理与激励机制。行政管理中心应制定合理的薪酬管理制度，根据人员表现和贡献，进行薪酬激励。激励机制可以提高员工的积极性并增加其工作动力。

（2）设备维护

①设备保养与维修。行政管理中心应制定设备保养和维修计划，定期对设备进行保养和维修。维护设备的正常运行可以避免设备故障对物流配送工作的影响。

②设备更新与升级。行政管理中心应根据物流配送中心的需求和发展，及时更新和升级设备，从而提高物流配送的效率和服务质量。

③设备管理与监控。行政管理中心应建立设备管理制度和监控体系，确保设备的正常使用。通过设备的监控和管理，行政管理中心可以及时发现设备故障和问题，并采取相应的措施进行处理。

（3）安全管理

①工作环境与安全设施。行政管理中心应提供良好的工作环境和安全

设施，确保员工的工作安全，包括防火设施、安全出口、紧急避险通道等。

②安全培训与意识教育。行政管理中心应定期开展安全意识培训和教育，增强员工的安全意识和应急能力，包括消防知识、紧急处理等方面的培训。

③风险评估与预防措施。行政管理中心应对物流配送中心的安全风险进行评估，制定相应的预防措施，从而降低事故和安全风险的发生概率。

3.3　配送网络的建设与营运

配送网络是城市物流共享配送平台中十分重要的一环，它是连接配送中心和小区驿站的纽带，具有重要的作用和意义。当货物在配送中心分拣后，通过配送流程中的车辆被运送到小区无人值守驿站中，或者货物在小区驿站被收集后，通过车辆运送回配送中心。建立一整套城市运输网络并合理调度配送车辆，可以提高配送效率、降低成本、优化路线规划。同时，平台应做好车辆信息管理、车辆运营管理、车辆维护管理和车辆安全管理等。科学的车辆调度与管理，可以更好地满足城市物流共享配送的需求，提高服务质量和用户满意度[34]。

3.3.1　配送网络的作用和意义

（1）配送网络可以实现配送中心和小区驿站之间的高效衔接

在城市物流共享配送平台中，小区里的客户需要从配送中心获取商品，而快递公司则需要将小区中收集的快递送回配送中心。配送网络的建立可以实现配送中心与小区驿站的高效衔接，确保商品能够及时准确地送达客户手中，提高配送的运作效率。

（2）配送网络可以优化配送路径和调度计划

城市物流配送涉及大量的货物和配送车辆，如何合理规划配送路径和调度计划成为关键。配送网络可以通过技术手段，如地理信息系统和智能调度系统，对配送路径进行优化，使得配送车辆能够选择最优的路线，减少行驶距离和时间，提高配送效率。

（3）配送网络可以提供多样化的配送服务

在城市物流共享配送平台中，客户对配送服务的需求各异，如送货上门、代收代付、快速配送等，或者通过无人机配送、城市地铁配送等。配送网络可以根据客户需求，提供多样化的配送服务，满足客户个性化的需求，提升用户体验。

（4）配送网络可以缓解城市交通拥堵和减少环境污染

随着城市化进程的加快，城市交通拥堵和环境污染问题日益突出。建立高效的配送网络，合理规划配送路径和调度计划，可以减少配送车辆的行驶里程和时间，缓解交通拥堵，降低能源消耗，减少环境污染。

（5）配送网络可以促进城市物流共享配送的发展

城市物流共享配送是一种创新的物流模式，不同的物流快递公司通过这一平台共享资源，从而提高配送网络的利用率，降低物流成本，推动物流行业的可持续发展。配送网络作为城市物流共享配送的基础设施，对于平台的正常运营和发展具有至关重要的意义。

3.3.2 配送车辆的调度

3.3.2.1 配送车辆调度的基本原则

配送车辆的调度在城市配送网络中至关重要，其业务涉及对配送车辆的合理分配、路线规划和调度安排，以实现高效的配送服务。配送车辆调度的基本原则有以下五个：

（1）配送车辆的调度需要根据配送需求和运力情况进行合理分配

平台需要根据城市各区无人值守驿站的货物数量、货物种类、配送时间、配送距离等因素，评估配送需求并进行车辆分配。通过合理的车辆配送算法，平台可以确保每辆车在运力范围内都能够被充分利用，并且能够满足各小区的配送要求。

（2）配送车辆的调度需要进行路线规划和优化

平台可以利用地理信息系统等技术手段，对配送路径进行规划和优化，以减少行驶距离和时间，从而提高配送效率、降低成本，并且缓解交通拥堵、减少环境污染。

（3）配送车辆的调度需要考虑实时的运输情况和配送需求的变化

在配送过程中，可能会出现一些突发情况，如交通事故、配送延误等。平台需要及时响应并调整车辆的调度安排，以保证配送任务的顺利完成。同时，如果出现配送需求的变化，如新增订单或取消订单，平台也需要及时调整车辆的分配和调度，以满足客户的需求。

（4）配送车辆的调度需要考虑配送员的工作时间和工作状态

平台需要合理安排配送员的工作时间，避免过度劳累和工作时间冲突。如果技术允许，平台可以采用无人驾驶车辆展开配送，避免配送员疲劳驾驶、工作效率降低等情况，以保证安全、稳定的工作质量。

（5）配送车辆的调度需要借助智能调度系统等技术工具的支持

智能调度系统可以通过算法和数据分析，实时监控车辆的位置和状态，直观的数字孪生技术可以很好地进行实时调度和优化，从而提高配送效率和准确性。

3.3.2.2 配送车辆调度的策略和方法

在城市物流配送网络中，对于配送车辆的调度，还可以考虑以下策略和方法：

（1）动态调度

在配送过程中，合理规划并实现定时定点发送配送车辆，有利于提高配送的可预测性和服务质量。但是，也需要提高配送的柔性，依据配送货物数量的变化和交通情况的变化，进行动态调度。配送平台能通过实时监控配送车辆的位置和交通状况，根据实际情况及时调整车辆的路线和顺序，以最大限度地提高配送效率。

（2）多维度调度

除了考虑路线规划和时间安排，还可以考虑更多的因素进行多维度调度。例如，可以考虑货物的特性和重要程度，将不同类型的货物分配给不同的配送车辆；还可以考虑车辆的载重能力和适用道路类型，合理分配车辆任务，以提高配送效率。

（3）配送效果评估

在配送车辆的调度过程中，需要对配送效果进行评估和优化。通过收集和分析配送数据，如配送时间、配送准时率、客户满意度等指标，平台可以评估配送效果，并根据评估结果进行调整和优化，以不断提升配送服务质量。

（4）可视化监控

为了更好地进行车辆调度和管理，平台可以借助可视化监控技术，如GPS 技术、GIS 技术、数字孪生技术等。实时显示配送车辆的位置、状态和配送进度，可以帮助监控人员准确掌握车辆的运行情况，及时发现和解决问题，提高调度的准确性和效率。

（5）智能化应用

为了更好地运营平台，避免人力成本对平台的影响，平台可以借助无人驾驶车辆配送，或者借助智能调度系统、实时监控系统等。

3.3.3 配送车辆的管理

在城市物流共享配送平台中，对配送车辆的管理涵盖了多个方面的内容，旨在确保配送车辆的安全、高效运营以及提供优质的配送服务。配送车辆的管理包括以下几个方面：

3.3.3.1 建立车辆管理信息系统

建立车辆管理信息系统，包括车辆信息的录入、司机管理、车辆调度和分配、车辆数据的分析和优化等。

（1）车辆信息的录入

平台需要对配送车辆进行注册和认证，并在车辆管理信息系统中录入车辆的证件和资质，如行驶证、营运证、保险证明等，以及车牌、载重等基本信息。

（2）司机管理

平台需要对配送车辆的驾驶员进行管理和培训，包括司机背景核查、驾驶证审查和司机培训等，以确保他们具备合法的驾驶资格和良好的驾驶技能。同时，平台还应对司机信息录入系统进行统一管理，并对司机进行监督和评估，以保证他们的驾驶安全和服务质量。

（3）车辆调度和分配

平台通过车辆管理信息系统统一对车辆进行调度和分配，根据订单量、配送需求和车辆情况，合理安排车辆的任务和路线。这可以通过智能调度系统和算法来实现，以提高配送效率和准确性。

（4）车辆数据的分析和优化

平台可以在车辆管理信息系统上收集和分析配送车辆的数据，如行驶里程、配送时间、配送准时率等指标，进行数据分析和优化。这有助于发现问题、改进运营策略，并提升配送效率和客户满意度。

3.3.3.2 建立车辆调度和指挥系统

建立车辆调度和指挥系统可以帮助平台实现对配送车辆的实时调度和指挥，实时直观了解车辆的使用状态。

（1）接入车辆管理信息系统

首先，车辆管理信息系统需要接入车辆调度和指挥系统，接收系统的功能模块和数据流程，包括车辆调度、路线规划、实时监控、任务分配、数据分析等模块，以满足平台对车辆调度和指挥的需求。

（2）车辆定位与通信技术

为了实现车辆的实时调度和指挥，需要采用车辆定位和通信技术。平台可以利用全球定位系统（GPS）或其他定位技术，实时获取车辆的位置信息。同时，平台需要建立车辆和调度中心之间的通信系统，以便进行实时的指令传递和信息交流。

（3）数据采集与分析

建立车辆调度和指挥系统需要收集和分析大量的数据。通过对车辆的定位信息、订单数据、交通状况等数据的采集和整理，平台可以对配送车辆的运行状态进行实时监控和分析。这有助于发现问题、优化调度策略，并提升配送效率。

（4）路线规划与优化

系统需要具备路线规划和优化功能，能够根据配送需求和车辆实时位置，自动计算最优的配送路线。通过算法和优化模型，平台可以减少配送车辆的行驶距离和时间，提高配送效率。

（5）任务分配与调度

系统应能够自动将配送任务分配给合适的车辆，并进行调度安排。根据订单量、车辆实时位置和工作状态等信息，系统可以智能地进行任务分配和调度，以确保每辆车都能够被充分利用并按时完成配送任务。

（6）实时监控与指挥

系统需要具备车辆的实时监控和指挥功能，以确保配送车辆的安全和顺利运行。平台可以通过系统界面显示的车辆位置、运行状态和配送进度，实时监控车辆的运行情况。同时，调度中心可以向车辆发送指令和调度信息，以实现实时的指挥和协调。

（7）异常处理与紧急救援

系统应具备异常处理和紧急救援的功能。在遇到交通堵塞、车辆故障或其他紧急情况时，调度中心可以及时发现问题并做出相应的处理和调度安排，以最大限度地减少配送延误和不确定性。

3.3.3.3　建立车辆安全和保障系统

建立车辆安全和保障系统可以帮助平台确保配送车辆的安全运行和保障配送服务的质量。

（1）安全培训和考核

为了确保驾驶员具备安全驾驶技能和安全意识，平台应该对驾驶员进行安全培训和考核。培训内容可以包括交通规则、安全驾驶技巧、紧急情况处理等。同时，平台可以定期对驾驶员进行考核，以评估他们的安全驾驶能力。

（2）车辆检查和维护

平台应建立车辆检查和维护的制度，确保配送车辆的安全和良好的工作状态。制度内容可以包括定期的车辆检查、保养和维修，以及对车辆零部件的更换和更新。平台可以与维修服务提供商合作，确保车辆的及时维护和修理。

（3）安全监控和报警系统

平台可以利用现代技术，建立车辆安全监控和报警系统。通过车辆定位、视频监控和传感器等设备，平台可以实时监测车辆的行驶情况和运行状态。同时，系统应配备报警装置，发生紧急情况和突发事件后及时发出警报并通知相关人员。

（4）事故处理和紧急救援

平台应建立事故处理和紧急救援的机制，以应对在配送过程中可能发生的交通事故和紧急情况。平台可以与保险公司、维修服务提供商和紧急救援机构合作，确保在事件发生时能够及时采取措施，保障车辆和人员的安全。平台可以制定相应的改进措施和安全管理策略，进一步提升车辆安全和保障水平。

3.4　小区自动收发快递驿站的运营

3.4.1　设立小区自动收发快递驿站的重要意义

小区自动收发快递驿站是城市物流共享配送平台的三大设施设备之一，也是最后与消费者接触的设施设备，其服务质量直接关系到用户的评价。小区自动收发快递驿站的设立和运营对于小区居民和快递配送行业都具有重要意义，具体包括以下几个方面：

（1）提供便捷的快递服务

小区自动收发快递驿站可以为居民提供便捷的快递服务，居民可以在驿站内自助取件，不再需要等待快递员上门或者跑到快递网点取件。这大大节省了居民的时间和精力，提升了配送效率和用户体验感。

（2）解决小区快递配送难题

传统的小区快递配送存在一些难题，如居民不在家无法收取快递、快递员难以进入小区等。而小区自动收发快递驿站可以解决这些问题，快递员可以将包裹投递到驿站，居民可以根据自己的时间选择去驿站取件，从而避免了快递配送中的不便和困扰。

（3）提高小区安全水平和居民安全感

小区自动收发快递驿站的设立可以减少小区内快递包裹的无人看管时

间，降低了包裹被盗或者遗失的风险。同时，驿站设备和设施的安全防护措施也能提高小区的整体安全水平，增加居民的安全感和满意度。

（4）促进快递行业发展

小区自动收发快递驿站的设立为快递行业带来了新的发展机遇。驿站的集中收发管理可以提高快递配送的效率和准确性，减少配送中的人为错误和延误。同时，驿站的设立也为快递企业提供了新的服务模式和商业合作机会，促进了行业的创新和发展。

（5）推动城市智慧化建设

小区自动收发快递驿站是城市智慧化建设的重要组成部分。驿站通过引入智能化设备和管理系统，实现了快递配送的自动化和信息化，提高了配送效率和服务质量。这也为未来城市的智慧物流和智能社区建设奠定了基础。

3.4.2　小区自动收发快递驿站的设立与管理

3.4.2.1　驿站的选址策略和标准

在选择驿站的位置时，需要考虑到小区内的交通便利性、居民的分布情况以及快递配送的需求量。驿站选址通常会选择小区内部交通便利的地点，如小区入口处、物业中心或居民集中区域。此外，选址还需要考虑到驿站的可见性和易于找到性，以便用户能够方便地找到驿站。

驿站选址策略和标准的制定应考虑小区的特点和需求。比如，如果小区内居民多为老年人，可以选择较为安全和易于到达的地点；如果小区存在停车位紧张的问题，可以考虑选择靠近小区停车场的位置。

驿站设立和管理还需要考虑到可持续发展的因素。比如，可以选择使用节能环保的设备和材料，减少对资源的消耗和环境的影响。同时，还可以鼓励用户使用环保包装材料，并提供相关的指导，以宣传可持续快递配送的理念。

3.4.2.2　驿站设备和设施的选择和配置

驿站完全引入智能化技术和管理系统，可以使用快递柜和自助取件机，提供24小时不间断的快递服务。同时，可以利用数据管理系统进行数据分析和运营决策，以优化驿站的运营流程和服务模式。

驿站的设备和设施应根据实际需求和快递量进行选择和配置。一般来说，驿站设备包括快递柜、自助取件机、数据管理系统等。快递柜的数量和规模应根据小区的规模和快递配送的需求量进行合理配置。此外，还可以考虑在驿站内设置等候区、包装区等，以提供更好的用户体验。

驿站设备和设施的选择应考虑用户的需求和便利性。比如，可以选择不同尺寸的快递柜，以适应不同大小的包裹；还可以在驿站内设置包装材料、称重设备等，以方便用户进行包裹的打包和称重。

3.4.2.3 驿站的日常管理和维护

驿站的日常管理包括人员的管理和运营流程的规范化。驿站需要设立专门的管理团队负责日常运营和维护，包括接待用户、解答用户的问题、保持驿站的整洁和安全等。驿站建立健全的运营流程和标准操作规范，可以确保驿站的高效运营。

同时，驿站中也有各个物流快递公司的人员参与管理，他们可以通过平台系统了解自己公司货物到达小区驿站的情况，当用户需要送货上门时，物流快递公司人员立即从驿站中取货，并送货上门。物流快递公司管理人员还有另一项任务，即帮助用户发货，起到揽件的作用。

驿站需要建立定期巡检和维护计划，确保设备的正常运行和驿站的舒适性。同时，还需加强安全管理，如安装监控设备、加强防火措施等，保障驿站的安全性。

驿站的日常管理需要建立完善的培训和考核制度，确保驿站工作人员、快递公司人员具备专业的服务能力和安全意识。此外，驿站还可以建立用户反馈系统和投诉处理机制，及时解决用户的问题。

3.4.3 小区自动收发快递驿站的快递投递与取件流程

快递投递与取件是快递配送的核心环节，影响着快递服务的准确性、效率和用户体验。小区自动收发快递驿站的快递投递与取件的方式和流程如下。

3.4.3.1 快递投递的方式和流程[35]

（1）快递揽收

快递员在小区自动收发快递驿站网点进行揽收，接收寄件人的包裹，协助寄件人进行必要的信息登记和扫描操作，并为包裹贴上唯一的快递单号，完成自动投递工作。

（2）包裹归集

寄件人完成投递信息录入，在自动打包机上进行包裹的包装，贴好标签后，将包裹投放到包裹收集口中。

（3）运输配送

运输车辆将包裹送往城市配送中心，在配送中心进行分拣，然后各快递公司根据不同的配送方式（航空、公路、铁路等）选择合适的运输工具，确保包裹安全和准时地送达目的地。

3.4.3.2 取件的方式和流程

（1）通知收件人

当包裹到达小区自动收发快递驿站时，城市物流共享配送平台会通过短信、电话或其他通知方式通知收件人包裹已经可以取件。通知中会提供取件点的具体地址、取件时间和相关取件凭证（如取件码）。

（2）凭证验证

收件人凭借收到的通知或个人身份证明前往指定的小区自动收发快递驿站。在驿站，机器扫描收件人的身份和取件凭证，并核对快递单号和包裹信息，以确保包裹被交付给正确的收件人。

（3）取件手续

验证通过后，收件人收到包裹并签名确认。同时，收件人还可以对包裹进行检查，确认包裹的完整性和无损坏情况。在一些情况下，如果收件人无法亲自前往取件点，也可以告知快递人员送货上门。

（4）包裹交接

收件人的收件手续验证完全在驿站监控下进行，用户验证和身份认证机制也是通过站内设备进行的，包裹检查也在站内进行，如有问题可以立即进行投诉。

3.4.4 小区自动收发快递驿站的服务情况

驿站作为小区自动收发快递的重要设施，提供了便捷的快递服务，其服务范围、开放时间和覆盖范围等方面的安排，对于满足居民需求、提高服务质量至关重要。

3.4.4.1　服务范围

驿站主要提供收件服务和寄件服务。

（1）收件服务

城市物流共享配送平台的配送车辆将包裹投递到驿站后，居民可以根据自己的时间选择去驿站取件，驿站会为包裹提供安全的存储环境，避免包裹被盗或遗失的风险。

（2）寄件服务

居民可以在驿站通过自助方式办理包裹的寄件手续，也可以将需要寄送的包裹交给在驿站巡视的快递人员，由快递公司协助投寄包裹。

3.4.4.2　开放时间和服务时间安排

驿站的开放时间和服务时间安排直接关系到居民的收件和寄件便利程度，所以小区自动收发快递驿站的营运时间应当是 7×24 小时，全天无休开门服务。

3.4.4.3　服务的覆盖范围和数量

驿站的服务覆盖范围和数量是保障居民快递服务需求的关键因素。驿站的设立应考虑小区的规模和居民的分布情况，确保每个小区都能够拥有方便的驿站服务。在大型小区或高密度居住区，可以设置多个驿站点，以缩短居民前往取件的距离。此外，驿站的分布也应考虑到小区内公共交通的便利性，以方便居民前往取件。

3.4.5　小区自动收发快递驿站的用户体验和满意度

（1）用户界面和操作便捷性

小区自动收发快递驿站的用户界面和操作便捷性是提升用户体验和满意度的关键因素之一。驿站应该设计简洁明了的界面，用户可以通过触摸屏或扫码等其他交互方式轻松操作。同时，取件和寄件流程应简单易懂，包裹检查有录像，自助包装机操作简便，支付方式灵活多样。

（2）用户反馈和投诉处理机制

为了提升用户体验和满意度，驿站应建立健全的用户反馈和投诉处理机制。驿站可以设置用户反馈通道，如热线电话、在线留言板或邮箱等，供居民提出意见、建议或投诉。同时，驿站应设立专门的客服团队，负责及时回复用户的反馈和处理投诉，并根据用户的反馈和建议进行改进和优化。

驿站还可以定期进行用户满意度调查，了解用户的需求和意见，从而不断提升服务质量。用户满意度调查可以通过问卷调查、面对面访谈或在线调查等方式进行，通过收集用户的反馈和评价，为驿站的改进提供依据。

（3）提升用户体验和满意度的措施

为了提升用户体验和满意度，驿站可以采取有效措施服务居民。比如，帮助行动不便的居民送货上门；在驿站内协助居民投寄包裹，或者提供其他增值服务，如物品寄存、书报借阅等，以满足居民的多样化需求。这些增值服务可以为居民提供更多便利，从而提升用户体验和满意度。

（4）加强安全措施

小区自动收发快递驿站应加强安全措施，确保居民的包裹和个人信息的安全。驿站可以安装监控摄像头，加强防盗和防损措施，确保包裹被妥善保管。同时，驿站应加强数据保护，保障居民的个人信息不被泄露。

（5）提供人性化的服务

驿站可以提供人性化的服务，如设立舒适的等候区域、提供饮用水和座椅等，让居民在等待取件的过程中感受到舒适和关怀。驿站的工作人员应友好、热情地为居民提供帮助，解决他们的疑问和需求。

（6）制定合理的运营规范

驿站应制定合理的运营规范，明确服务标准和操作流程。规范的运营可以提高驿站的工作效率和服务质量，确保居民能够获得一致的高质量服务体验。

（7）加强与快递公司的合作

驿站和快递公司之间应建立紧密的合作关系，共同提升用户体验和满意度。驿站和快递公司可以互通信息，及时沟通包裹的状态和取派情况，确保包裹能够准确、及时地送达。

3.4.6 小区自动收发快递驿站的安全与安保

小区自动收发快递驿站的安全与安保是保证用户信任和满意度的重要因素。为了提供安全可靠的服务，驿站需要采用一系列的安全和防护设施，保障快递包裹的安全，并建立应急处理机制应对紧急情况和突发事件。

3.4.6.1 驿站的安全措施和防护设施

（1）视频监控系统

驿站应配备高清摄像头和视频监控系统，全天候监控驿站的运营区域。监控系统应能够记录并保存图像和视频，以提供证据、实现追溯。

（2）安全警报系统

驿站应安装安全警报系统，包括防火、防盗和紧急报警等功能。系统应与当地警方或相关安全机构联网，确保在紧急情况下能够及时报警和求助。

（3）人员巡视

驿站应有专门人员及快递公司人员进行定期巡逻，确保驿站的安全和秩序，监督驿站的运营情况，及时处理异常情况。

3.4.6.2 快递包裹的安全保障措施

（1）快递自提柜

驿站应设置专门的快递自提柜，确保包裹的安全和保密。自提柜应设有防火设施和监控设备，并设置适当的温湿度，以保障包裹的质量。

（2）包裹认证和验收

驿站应对每个收到的包裹进行认证和验收，确保包裹的真实性和完整性。自提柜和自动寄件设施应当有自动检查装置，能确认包裹的标识和信息是否与快递单一致。

（3）包裹跟踪和追溯

城市物流共享配送平台应建立完善的包裹跟踪系统，确保包裹在整个流程中的安全和可追溯性。平台和快递公司可以共享包裹的跟踪信息，及时发现和解决包裹丢失或损坏的问题。

3.4.6.3 应对紧急情况和突发事件的应急处理机制

（1）紧急联系方式

驿站应向用户提供紧急联系方式，如紧急电话号码或在线投诉渠道。用户在遇到紧急情况时，可以及时与驿站取得联系，寻求帮助和支持。

（2）应急演练和培训

驿站应定期组织应急演练和培训，提高工作人员的应急处置能力。演练可以包括火灾逃生演练、包裹丢失处理演练等，以增强驿站应对突发事件的能力。

（3）与相关部门合作

驿站应与当地公安、消防等相关部门建立合作关系，共同应对紧急情况和突发事件。驿站可以与相关部门进行联动，及时获得支持和指导。

3.5 本章小结

本章主要介绍了城市物流共享配送平台的运行机制。首先，我们探讨了平台的组织与管理模式，包括组织模式的选择与设计、管理机构的建立与运作、信息技术的支持与应用以及合作伙伴关系的建立与维护。其次，我们讨论了配送中心的建设与运营管理，包括配送中心的重要性和作用、建设的要点以及运营管理的关键问题。再次，我们探讨了配送网络的建设与营运，包括配送网络的作用和意义，以及配送车辆的调度和管理。最后，我们讨论了小区自动收发快递驿站的运营，包括驿站的重要意义、设立与管理、快递投递与取件流程、服务情况、用户体验和满意度，以及安全与安保等方面的问题。

通过本章的研究和分析，我们了解了城市物流共享配送平台的运行机制和管理要点，为平台的顺利运作和高效配送提供了指导和支持，从而为建设和运营城市物流共享配送平台提供了有益的参考和借鉴。

4 城市物流共享配送平台的相关政策与法规

　　根据我国经济体制改革和生态文明体制改革的总体要求，走可持续发展道路，以及建设美丽中国的目标，同时为实现低碳发展，促进共同配送，建设智慧城市，国家及各地区发布了一系列政策性文件来指导与推动城市建设向低碳、共享、智慧的方向发展。相关的政策环境十分有利于面向资源共享与公共服务的城市物流共享配送平台的建设和发展。

　　本章将围绕面向资源共享与公共服务的城市物流共享配送平台的政策与法规展开深入研究。具体而言，主要包括低碳能源政策、共同配送政策和智慧城市政策。我们将探讨这些政策对城市物流共享配送平台发展的影响和作用，以期全面了解政策对该领域发展的引导和规范作用，为城市物流共享配送平台的健康发展提供理论支持和实践指导。通过深入研究，我们可以发现政策对平台发展的作用和局限，为政策制定和法规完善提供理论依据和实践经验，促进城市物流共享配送平台的创新和进步。

4.1　低碳能源政策对城市物流共享配送平台的影响和作用

　　在全球高度关注环境保护和可持续发展的背景下，我国出台了许多低碳能源政策，旨在减少碳排放、降低能源消耗，并推动清洁能源的应用。低碳能源政策中有一些财政补贴，如新能源购车补贴、新能源免费停车等，这些政策措施对大量采用低碳能源车辆和设备的城市物流共享配送平台来说，可以降低共享配送平台的运营成本，同时也推动了低碳能源的应用和发展，降低了能源消耗，促进了技术创新和发展。

4.1.1 低碳能源政策梳理

与城市配送有关的低碳能源政策主要是对交通工具的规范政策和对新技术、新能源的鼓励政策，近年来我国陆续出台了多个相关政策（见表4.1）。

表 4.1 我国与城市配送有关的低碳能源政策法规

序号	年份	政策名称	发文机构
1	2011	《"十二五"节能减排综合性工作方案》	国务院
2	2014	《2014—2015年节能减排低碳发展行动方案》	国务院办公厅
3	2016	《"十三五"节能减排综合工作方案》	国务院
4	2021	《关于加快建立健全绿色低碳循环发展经济体系的指导意见》	国务院
5	2022	《"十四五"节能减排综合工作方案》	国务院
6	2022	《"十四五"现代综合交通运输体系发展规划》	国务院
7	2023	《关于推动邮政快递业绿色低碳发展的实施意见》	国家邮政局

2011年推出的《"十二五"节能减排综合性工作方案》提出，要基本淘汰2005年以前注册运营的"黄标车"，实施新的机动车排放标准；2014年发布的《2014—2015年节能减排低碳发展行动方案》提出，要开展绿色循环低碳交通运输体系建设试点，抓好公共机构节能降碳；2016年发布的《"十三五"节能减排综合工作方案》要求，在2017年基本淘汰全国范围内的黄标车；2021年发布的《关于加快建立健全绿色低碳循环发展经济体系的指导意见》中明确指出，要构建绿色供应链，推行绿色包装，开展绿色运输，做好废弃产品回收处理；2022年发布的《"十四五"现代综合交通运输体系发展规划》提出协同推进减污降碳，形成绿色低碳发展长效机制；2023年颁布的《关于推动邮政快递业绿色低碳发展的实施意见》提出，注重减污降碳协同增效，统筹推进行业生态环境保护和节能减排，为邮政快递业绿色低碳发展提供了根本遵循，指明了方向。

4.1.2 低碳能源政策的政策支持与补贴机制

我国从 2010 年起陆续颁布政策来促进新能源汽车的推广与基础设施的建设，其中与新能源相关的财政补贴具体政策如表 4.2 所示。

表 4.2 我国新能源相关财政补贴政策

序号	年份	政策名称	发文机构
1	2010	《关于做好节能汽车推广补贴兑付工作的通知》	财政部、国家发展改革委、工业和信息化部
2	2010	《关于开展私人购买新能源汽车补贴试点的通知》	财政部、科技部、工业和信息化部、国家发展改革委
3	2011	《关于调整节能汽车推广补贴政策的通知》	财政部、国家发展改革委、工业和信息化部
4	2012	《节能与新能源汽车产业发展规划（2012—2020 年）》	国务院
5	2012	《关于节约能源 使用新能源车辆减免车船税的车型目录（第一批）的公告》	财政部、国家税务总局、工业和信息化部
6	2013	《能源发展"十二五"规划》	国务院
7	2014	《关于新能源汽车充电设施建设奖励的通知》	财政部、科技部、工业和信息化部、国家发展改革委
8	2014	《政府机关及公共机构购买新能源汽车实施方案》	国管局、财政部、科技部、工业和信息化部、国家发展改革委
9	2014	《关于免征新能源汽车车辆购置税的公告》	财政部、国家税务总局、工业和信息化部
10	2015	《关于 2016—2020 年新能源汽车推广应用财政支持政策的通知》	财政部、科技部、工业和信息化部、国家发展改革委
11	2015	《关于完善城市公交车成品油价格补助政策 加快新能源汽车推广应用的通知》	财政部、工业和信息化部、交通运输部
12	2016	《关于加快居民区电动汽车充电基础设施建设的通知》	国家发展改革委、国家能源局、工业和信息化部、住房城乡建设部
13	2016	《关于地方预决算公开和新能源汽车推广应用补助资金专项检查的通报》	财政部
14	2016	《能源技术革命创新行动计划（2016—2030 年）》	国家发展改革委、国家能源局
15	2016	《关于"十三五"新能源汽车充电基础设施奖励政策及加强新能源汽车推广应用的通知》	财政部、科技部、工业和信息化部、国家发展改革委、国家能源局

序号	年份	政策名称	发文机构
16	2017	《促进汽车动力电池产业发展行动方案》	国家发展改革委、财政部、科技部、工业和信息化部、国家能源局
17	2017	《关于促进储能技术与产业发展的指导意见》	国家发展改革委、财政部、科技部、工业和信息化部、国家能源局
18	2018	《关于调整完善新能源汽车推广应用财政补贴政策的通知》	财政部、工业和信息化部、科技部、国家发展改革委
19	2018	《新能源汽车动力蓄电池回收利用管理暂行办法》	工业和信息化部、科技部、环境保护部、交通运输部、商务部、国家质检总局、国家能源局
20	2020	《关于进一步完善新能源汽车推广应用财政补贴政策的通知》	财政部、工业和信息化部、科技部、国家发展改革委
21	2022	《关于2022年新能源汽车推广应用财政补贴政策的通知》	财政部、工业和信息化部、科技部、国家发展改革委

在国家财政补贴政策的推动下，新能源汽车产销量爆炸式增长，2013年产量是2万辆，但10年后的2022年我国新能源汽车产销分别达到705.8万辆和688.7万辆，居全球第一。

2022年，我国公共领域新能源乘用车、新能源客车、新能源货车补贴方案分别如表4.3、表4.4、表4.5所示。

表4.3 2022年我国新能源乘用车补贴方案（公共领域）

车辆类型	纯电动续驶里程 R（工况法）/公里		
纯电动乘用车	$300 \leqslant R < 400$	$R \geqslant 400$	$R \geqslant 50$（NEDC工况）/ $R \geqslant 43$（WLTC工况）
	1.3万元	1.8万元	—
插电式混合动力（含增程式）乘用车	—		0.72万元

1. 纯电动乘用车单车补贴金额＝Min｛里程补贴标准，车辆带电量×396元｝×电池系统能量密度调整系数×车辆能耗调整系数

2. 对于非私人购买或用于营运的新能源乘用车，按照相应补贴金额的0.7倍给予补贴

3. 补贴前售价应在30万元以下（以机动车销售统一发票、企业官方指导价等为参考依据，"换电模式"除外）

表 4.4 2022 年我国新能源客车补贴方案（公共领域）

车辆类型	中央财政补贴标准/元·kWh⁻¹	中央财政补贴调整系数			中央财政单车补贴上限/万元		
					6 m< L≤8 m	8 m< L≤10 m	L>10 m
非快充类纯电动客车	360	单位载质量能量消耗量/Wh·(km·kg)⁻¹			1.8	3.96	6.48
		0.18(含)~ 0.17	0.17(含)~ 0.15	0.15 及以下			
		0.8	0.9	1			
快充类纯电动客车	648	快充倍率			1.44	2.88	4.68
		3 C~5 C (含)	5 C~15 C (含)	15 C 以上			
		0.8	0.9	1			
插电式混合动力（含增程式）客车	432	节油率水平			0.72	1.44	2.74
		60%~65% (含)	65%~70% (含)	70%以上			
		0.8	0.9	1			

单车补贴金额＝Min ｛车辆带电量×单位电量补贴标准；单车补贴上限｝×调整系数（包括：单位载质量能量消耗量系数、快充倍率系数、节油率系数）

表 4.5 2022 年我国新能源货车补贴方案（公共领域）

车辆类型	中央财政补贴标准/元·kWh⁻¹	中央财政单车补贴上限/万元		
		N1 类	N2 类	N3 类
纯电动货车	252	1.44	3.96	3.96
插电式混合动力（含增程式）货车	360	—	1.44	2.52

4.2 共同配送政策对城市物流共享配送平台的影响和作用

4.2.1 共同配送政策梳理

2012 年 6 月，商务部流通发展司发布了《关于推进现代物流技术应用和共同配送工作的指导意见》，将共同配送作为工作目标之一，力图解决物流配送面临的通行难、停靠难、装卸难和收费多、罚款多等问题，解决"最后一公里"货车的空驶率高，资源浪费和成本高的问题。此外，文件提出要推进大、中城市合理规划和布局物流节点、优化物流配送及组织方式，形成结构合理、运行高效、畅通有序、绿色环保的城市配送体系，争取到"十二五"结束时，中心城市共同配送网点覆盖率达到 40% 以上，将等量货物的运输量降低 30% 以上。同年，首批选择了 9 个城市开展现代物流技术应用和共同配送试点。2013 年，商务部、财政部将城市共同配送工作纳入现代服务业产业试点范围，确定了 15 个试点城市。我国制定了一系列促进共同配送的政策，如表 4.6 所示。

表 4.6　共同配送政策法规

序号	年份	颁布部门	文件名称	主要内容	意义
1	2012	商务部流通发展司	《关于推进现代物流技术应用和共同配送工作的指导意见》	确定将广州等 9 个城市纳入第一批现代物流技术应用和共同配送综合试点中央财政支持范围	开展现代物流技术应用与共同配送试点
2	2013	商务部流通发展司	《全国城市配送发展指引》	全国城市配送的建设目标是：城市配送网点覆盖率达到 40% 以上；等量货物运输量降低 30% 以上；物流费用占商品流通费用的比重下降 2 个百分点	引导各方合理规划城市物流节点、优化物流组织配送方式
3	2013	交通运输部、商务部等七部门	《关于加强和改进城市配送管理工作的意见》	要求围绕解决城市配送车辆通行难、停靠难、装卸难"三难"问题；围绕服务电子商务等新型流通业态带来的多样化、个性化的配送需求，要求通过多部门联动协作、综合治理，全面提升城市配送的公共服务能力	旨在切实加强和改进城市配送管理工作，促进城市配送健康有序发展
4	2013	财政部办公厅、商务部办公厅	《关于组织申报城市共同配送试点的通知》	决定自 2013 年起在现代服务业综合试点工作中启动实施城市共同配送试点，中央财政将对城市共同配送试点安排适当资金给予支持	确定了 15 个试点城市
5	2014	成都市政府办公厅	《关于促进城市共同配送发展的实施意见》	进一步提高城市配送效率、降低社会物流成本、缓解城区交通拥堵、促进车辆节能减排，逐步建立便捷高效、服务规范、低碳环保的城市共同配送体系，加快构建城乡统筹的公共服务体系	推进城市共同配送

表4.6(续)

序号	年份	颁布部门	文件名称	主要内容	意义
6	2014	国务院	《物流业发展中长期规划(2014—2020年)》	强调加强通用基础类、公共类、服务类及专业类物流标准的制定工作	将共同配送列入中长期规划
7	2014	国家标准委、商务部	《关于加快推进商贸物流标准化工作的意见》	要加快制定适应电子商务、网络零售、城市共同配送等流通现代化发展,符合绿色发展、安全发展和节能环保要求的商贸物流标准	将共同配送与电子商务联系起来
8	2016	国务院	《降低实体经济企业成本工作方案》	共同配送模式对提高物流效率、降低物流成本具有重大意义,也是打通城市、农村"最后一公里"配送的重要途径	将物流成本管理与共同配送联系起来
9	2018	国务院	《关于推进电子商务与快递物流协同发展的意见》	创新公共服务设施管理方式,明确智能快件箱、快递末端综合服务场所的公共属性,为专业化、公共化、平台化、集约化的快递末端网点提供用地保障等配套政策	促进末端配送向公共属性发展
10	2019	商务部	《关于复制推广城市共同配送试点经验的通知》	南京、武汉、厦门、成都等22个城市开展城市共同配送试点,在探索创新共同配送模式,构建布局合理、运行有序、绿色环保的城市共同配送服务体系,取得了积极成效,形成了5个方面共16条典型经验	确认2012年以来,在22个城市开展城市共同配送试点取得成功
11	2021	国务院	《关于加快农村寄递物流体系建设的意见》	提升农村邮政基本公共服务能力,坚持资源共享、协同推进,健全末端共同配送体系	推广农村寄递物流共同配送模式
12	2021	北京市商务局、北京市邮政管理局	《关于申报北京市末端共同配送创新试点点位的通知》	2021年,在本市范围内再选取一批资源条件好、基础配套完善、配送频次高的社区、院校或商业服务业设施,鼓励企业通过开发使用通用收发派件系统,设立末端共同配送综合服务中心、智能自提柜等末端配送服务设施,开展末端共同配送新模式试点建设,进一步提升末端配送效率和服务水平	促进末端共同配送的发展
13	2022	国务院	《"十四五"现代物流发展规划》	到2025年,基本建成供需适配、内外联通、安全高效、智慧绿色的现代物流体系	促进现代物流体系的建设

4.2.2 共同配送政策的推动和引导作用

自从 2012 年商务部推动共同配送试点以后，22 个试点城市在共同配送网络、模式、服务体系等方面已初见成效，共形成 5 个方面 16 条典型经验，2019 年商务部再次下发《关于复制推广城市共同配送试点经验的通知》，北京市等积极响应并继续推进共同配送的试点。

在这些试点城市中，有些经验对面向资源共享与公共服务的城市物流共享配送平台的建设和发展有积极的借鉴意义。

（1）部分城市完善了共同配送的支持政策

长春市发布《关于支持城市物流共同配送的意见》，在车辆管理、运输许可、车辆通行、车辆停靠、税费优惠、财政补贴、土地保障等方面，对试点企业及在城区、开发区使用标准化配送车辆进行共同配送的物流企业给予支持；南宁市出台《物流用地公开出让管理办法》，设立专项资金，重点支持市级物流园区基础设施建设、配送中心建设、重点物流项目建设、物流人才培训、物流标准体系建设以及航空物流业发展；武汉市出台"营改增"过渡性扶持政策以及《物流园区（中心）新增建设用地计划管理办法》，完善用地计划申报、指标使用、土地供应、跟踪评估等制度；厦门市将社区物流配送站纳入社区公共服务设施，规划建设配送末端用房，同时出台"营改增"过渡性扶持政策，支持有条件的物流企业申报高新技术企业资格认定，享受减按 15% 税率征收企业所得税；东莞市按 1∶1 比例安排配套资金，支持相关项目建设；唐山市探索银企对接，为试点企业争取银行资金支持、增加授信额度。

（2）部分城市推动了共同配送的绿色发展

成都市出台支持新能源汽车推广应用的若干政策，对购置新车给予补贴，加大充电基础设施建设力度，优化新能源汽车使用环境等；太原市推广以新能源车辆为支撑的车联网应用，坚持使用清洁能源和新能源车辆，统一使用专段号牌、停靠场站，实现规模化经营、信息化管理、规范化运作。

（3）部分城市构建了共同配送的三级配送体系

南京市建立"物流分拨中心、公共配送中心和末端配送节点"三级网络，构建市域范围高效衔接的"1小时城市物流、24小时区域物流、48小时国际物流"三重物流圈；郑州市以"重点商贸物流园区（物流分拨中心）—公共配送中心—末端配送点"为支撑，形成点面结合、干支衔接、便捷通畅的三级城市配送体系；海口市依托"一带双核三轴"物流发展战略，规划建设城市共同配送三级网络布局。

（4）部分城市在末端资源共享取得突破

太原市发挥连锁便利店网点优势，推广"网订店取""网购自提"服务，将连锁便利店打造成全天候实物交付基站，实现一店多能、一店多用；广州市整合社区便利店、物业、邮政等终端资源，拓展网订店取（送）、前置仓服务，集中送达网购商品；潍坊市打造集便利消费、便民服务功能于一体的末端网络体系，鼓励连锁企业与配送企业、电子商务企业等合作，开展"网订店取""网购自提""网购宅配"等一对多的服务模式；南京市、厦门市、武汉市整合"末端智能快递柜"网点，推动智能自助提货柜"进社区、进院校、进机关、进商圈"，促进便利、安全消费，解决"最后一公里"配送难题。

（5）部分城市实现了统仓统配模式

成都市、青岛市、武汉市、长春市、潍坊市为上游生产商、供应商及下游经销商、代理商提供统一仓储和配送服务，通过系统平台对接实时共享库存、销售等信息，解决传统流通的多级库存、重复运输等问题；合肥市推动实施统仓共配，将仓储和送货计费相分离，提高仓储利用率，加快库存周转，降低仓储费用。

（6）部分城市整合了信息平台资源

南京市建设城市共同配送管理平台，提供包括货运信息发布、车源信息管理、交易撮合、运输业务管理、智能调度、信用担保、融资支持等一体化综合服务；成都市建设城市配送信息管理平台，充分发挥信息平台在城市配送运力调整、交通引导、供给调节和市场服务等方面的作用，实现城市配送车辆通行有序顺畅；厦门市重点推进区域性物流综合信息服务平台、园区公共服务平台和企业信息化建设，形成多层级信息化服务平台；潍坊市建立集物流信息查询、运载实时监测、远程派单管理等多种功能于一体的物流公共信息平台，推动货物运输需求与车辆运输服务供给的实时对接，在快速消费品、生鲜食品、药品、家电等消费领域创新发展共同配送模式。

共同配送试点在一些城市取得了成功，这进一步证明了城市物流共享配送平台的建设具有可行性，并且为推动和引导城市物流共享配送平台的发展提供了有力的支持。

首先，共同配送试点的成功表明城市物流共享配送平台的技术和模式已经趋于成熟。共同配送可以有效地利用物流资源，降低物流成本，提高物流效率。共享配送平台通过智能调度和路线规划，将多个商家的货物进行集中配送，减少了重复的配送车辆和路程，缓解了交通拥堵和环境污染。

其次，共同配送试点的成功为城市物流共享配送平台的发展提供了实践经验和数据支持。通过试点项目，平台可以收集和分析配送数据，评估共享配送的效果和效益，为进一步推广和应用提供了科学的依据。同时，也有助于平台发现和解决在实施过程中的问题和挑战，提升共享配送的运营能力和服务质量。

再次，共同配送试点的成功还得益于政府的政策支持和推动。城市物流共享配送平台的建设需要政府的引导和规范，包括相关政策的制定、配送网络的建设和优化、运营管理的监督等。政府可以通过出台鼓励政策和提供相应的扶持措施，推动共享配送平台的发展，促进城市物流的协同和优化。

最后，共同配送试点的成功也得益于商家和消费者的积极参与和支持。商家可以通过共享配送平台降低物流成本，提高配送效率，增加竞争力和盈利能力；消费者可以享受更快捷、便利、环保的配送服务，提升购物体验。因此，商家和消费者的积极参与是城市物流共享配送平台发展的重要保障。

4.3 智慧城市政策对城市物流共享配送平台的影响和作用

4.3.1 智慧城市政策梳理

智慧城市是数字经济发展的重要领域，近年来各级政府高度重视，并相继出台了针对性的引导政策（见表4.7）。根据国家信息中心的数据，截至2019年12月，全国副省级以上城市中，超过95%的地级市和50%以上的县级市纷纷提出了智慧城市的建设目标。

表4.7　我国智慧城市相关政策法规

序号	时间	部门/发言人	文件/会议名称	主要内容	意义
1	2009年7月	住房城乡建设部	《数字化城市管理模式建设导则（试行）》	建设内容：机制创新是实施核心；高效监督是实施根本；标准贯彻是实施基础；技术集成是实施保障	为更好地推广数字城管的基本经验，提高系统建设质量和效益，确保数字城管建设健康发展的指导性文件
2	2012年11月	住房城乡建设部办公厅	《关于开展国家智慧城市试点工作的通知》	国家智慧城市试点暂行管理办法：中国智慧城市建设起步，探索智慧城市建设、运行、管理、服务和发展的科学方式。国家智慧城市（区、镇）试点指标体系：列明智慧城市试点的指标体系	推进新型城镇化试点的重要举措
3	2013年8月	国务院	《关于促进信息消费扩大内需的若干意见》	明确提出要加快智慧城市建设，并提出在有条件的城市开展智慧城市试点示范建设；鼓励各类市场主体共同参与智慧城市建设	国务院明确提出要加快智慧城市建设
4	2014年3月	中共中央、国务院	《国家新型城镇化规划（2014—2020年）》	将智慧城市作为城市发展的新模式，列为我国城市发展的三大目标之一，并提出2020年，建成一批特色鲜明的智慧城市	首次把智慧城市建设引入国家战略规划，并指明智慧城市建设方向

表4.7(续)

序号	时间	部门/发言人	文件/会议名称	主要内容	意义
5	2015年11月	国家标准委、中央网信办、国家发展改革委	《关于开展智慧城市标准体系和评价指标体系建设及应用实施的指导意见》	到2020年累计共完成50项左右的智慧城市领域标准制订工作,共同推进现有智慧城市相关技术和应用标准的制修订工作;到2020年实现智慧城市评价指标体系的全面实施和应用	智慧城市标准体系和评价指标体系是引导全国各地智慧城市健康发展的重要手段
6	2016年2月	中共中央、国务院	《关于进一步加强城市规划建设管理工作的若干意见》	到2020年,建成一批特色鲜明的智慧城市,通过智慧城市建设和其他一系列城市规划建设管理措施,不断提高城市运行效率	明确城市建设管理工作的指导思想、总体目标和基本原则
7	2016年3月	中共中央、国务院	《中华人民共和国国民经济和社会发展第十三个五年规划纲要》	建设和谐宜居城市。加快现代信息基础设施建设,推进大数据和物联网发展,建设智慧城市。以基础设施智能化、公共服务便利化、社会治理精细化为重点,充分运用现代信息技术和大数据,建设一批新型示范性智慧城市	将建设智慧城市列为信息城镇化重要工程
8	2016年4月	习近平总书记	网络安全和信息化工作座谈会讲话	要以信息化推进国家治理体系和治理能力现代化,统筹发展电子政务,构建一体化在线服务平台,分级分类推进新型智慧城市建设	强调分类推进新型智慧城市
9	2016年8月	中共中央办公厅、国务院办公厅	《国家信息化发展战略纲要》	加强顶层设计,提高城市基础设施、运行管理、公共服务和产业发展的信息化水平,分级分类推进新型智慧城市建设	规范和指导未来10年国家信息化发展的纲领性文件
10	2016年12月	国家市场监督管理总局、国家标准委	《新型智慧城市评价指标》(GB/T 33356—2016)	按照"以人为本、惠民便民、绩效导向、客观量化"的原则制定,包括客观指标、主观指标、自选指标三部分	第一份智慧城市标准文件发布并实施,为智慧城市建设提供了必要依据和规范
11	2016年12月	国务院	《"十三五"国家信息化规划》	到2018年,分级分类建设100个新型示范性智慧城市;到2020年,新型智慧城市建设取得显著成效,形成无处不在的惠民服务、透明高效的在线政府、融合创新的信息经济、精准精细的城市治理、安全可靠的运行体系	正式提出新型智慧城市建设行动,分级分类推进新型智慧城市建设,明确牵头单位为国家发展改革委和中央网信办

序号	时间	部门/发言人	文件/会议名称	主要内容	意义
12	2017年1月	中央委员会	党的十九大报告	加强应用基础研究，拓展实施国家重大科技项目，突出关键共性技术、前沿引领技术、现代工程技术、颠覆性技术创新，为建设科技强国、质量强国、航天强国、网络强国、交通强国、数字中国、智慧社会提供有力支撑	明确提出"智慧社会"
13	2018年6月	国家市场监督管理总局、国家标准委	《智慧城市顶层设计指南》（GB/T 36333—2018）	制定智慧城市顶层设计的具体要求，并制定适用于智能城市的顶层设计，指导信息化领域的顶层设计	给出了智慧城市顶层设计的总体原则、基本过程及具体建议
14	2018年6月	国家市场监督管理总局、国家标准委	《智慧城市软件服务预算管理规范》（GB/T 36334—2018）	规定智慧城市软件服务的范围、成本构成和预算管理的基本过程	指导智慧城市软件服务预算的编制和应用管理
15	2018年1月	国家市场监督管理总局、国家标准委	《智慧城市 信息技术运营指南》（GB/T 36621—2018）	提供了智慧城市运营的总体框架及ICT基础设施运营、数据运营、信息系统运营、安全运营等方面的相关建议	确保智慧城市运行安全性、高效性的文件
16	2019年12月	国务院办公厅	《关于支持国家级新区深化改革创新加快推动高质量发展的指导意见》	深入推进智慧城市建设，提升城市精细化管理水平。优化主城区与新区功能布局，推动新区有序承接主城区部分功能。提高新区基础设施和公共服务设施建设水平，增强教育、医疗、文化等配套功能	再次强调深入推进智慧城市建设，提升城市精细化管理水平
17	2020年3月	中共中央政治局常务委员会	中共中央政治局常务委员会会议	加快5G网络、数据中心等新型基础设施建设进度	强调加快新型基础设施建设
18	2020年4月	国家市场监督管理总局、国家标准委	《信息安全技术智慧城市建设信息安全保障指南》	提供了智慧城市建设全过程的信息安全保障指导，包括智慧城市建设从规划与需求分析、设计、实施施工、检测验收、运营维护、监督检查与评估到优化与持续改进的全过程信息安全保障的管理机制与技术规范	为智慧城市建设信息安全相关标准的制定提供依据和参考

表4.7(续)

序号	时间	部门/发言人	文件/会议名称	主要内容	意义
19	2020年7月	国家发展改革委办公厅	《关于加快落实新型城镇化建设补短板强弱项工作 有序推进县城智慧化改造的通知》	通过加强组织领导、落实资金支持、强化示范引领、加强评价指导等工作举措,夯实新型基础设施支撑、提升公共服务治理水平、优化产业发展数字环境、强化网络安全能力保障	深入实施新型城镇化战略,持续推进新型智慧城市分级分类建设
20	2020年11月	国家信息中心	《全光智慧城市白皮书》	通过阐述F5G(第五代固定宽带网络)技术演进与技术优势,加速全光基础设施的部署升级,以高质量联接构筑城市智慧,推动基于F5G的智慧城市创新应用场景	首次提出全光智慧城市的发展理念
21	2020年11月	中国电子技术标准化研究院	《数字孪生应用白皮书(2020版)》	对当前我国数字孪生的技术热点、应用领域、产业情况和标准化进行了分析,同时收录了在智慧城市、智慧交通等6大领域的31个应用案例	新基建背景下的重要研究成果,反映出数字孪生对于我国经济社会发展的影响日益深刻
22	2021年1月	工业互联网专项工作组	《工业互联网创新发展行动计划(2021—2023年)》	培育一批系统集成解决方案供应商,拓展冷链物流、应急物资、智慧城市等领域规模化应用。支持第一产业、第三产业推广基于工业互联网的先进生产模式、资源组织方式、创新管理和服务能力,打造跨产业数据枢纽与服务平台,形成产融合作、智慧城市等融通生态	通过培育一批系统集成解决方案供应商,拓展智慧城市领域的规模化应用
23	2021年4月	国家发展改革委	《2021年新型城镇化和城乡融合发展重点任务》	提出要建设新型智慧城市,建设"城市数据大脑"等数字化智慧化管理平台,推动数据整合共享,提升城市运行管理和应急处置能力,全面推行城市运行"一网通管",拓展丰富智慧城市应用场景	"建设新型智慧城市"列入2021年新型城镇化和城乡融合发展重点任务
24	2021年8月	国家发展改革委办公厅	《关于推广第三批国家新型城镇化综合试点等地区经验的通知》	坚持人民城市人民建、人民城市为人民,着力建设宜居、人性、创新、智慧、绿色、人文城市,不断推进城市治理体系和治理能力现代化	在2019年、2020年第一、二批试点基础上,推广第三批试点经验,为全国新型城镇化高质量发展提供可复制的经验和模式

表4.7(续)

序号	时间	部门/发言人	文件/会议名称	主要内容	意义
25	2022年7月	国家发展改革委	《"十四五"新型城镇化实施方案》	明确指出推进智慧化改造,因地制宜部署"城市数据大脑"建设,探索建设"数字孪生城市"。推进生产生活低碳化,开展"绿色生活创建"行动,倡导"绿色社区"建设	推进智慧化改造,部署智慧城市建设

4.3.2 智慧城市政策对城市物流共享配送平台的支持

智慧城市政策对城市物流共享配送平台的发展路径和技术支持起到了重要的促进作用。具体来说,智慧城市政策在以下几个方面对城市物流共享配送平台的发展提供了支持:

（1）建设智慧物流基础设施

智慧城市政策鼓励城市建设智能化的物流基础设施,包括物流信息系统、物流网络、交通监控设施等。如《物流业发展中长期规划(2014—2020年)》《智慧城市 信息技术运营指南》《信息安全技术 智慧城市建设信息安全保障指南》等。这些信息基础设施为城市物流共享配送平台提供了技术支持和数据支撑,从而提高了物流的智能化和数字化水平。

（2）推动物联网和大数据技术的应用

智慧城市政策鼓励推动物联网和大数据技术在城市物流领域的应用。如《数字孪生应用白皮书(2020版)》《工业互联网创新发展行动计划(2021—2023年)》等。通过物联网技术,平台可以实现对物流车辆、配送设备等的实时监控和管理,提高物流资源的利用效率。同时,大数据技术可以对物流数据进行分析和挖掘,为共享配送平台提供精准的调度和优化方案。

（3）支持共享经济和创新企业的发展

智慧城市政策鼓励、支持共享经济和创新企业在物流领域的发展。如《工业互联网创新发展行动计划(2021—2023年)》《"十三五"国家信息化规划》《2021年新型城镇化和城乡融合发展重点任务》等。城市物流共享配送平台作为共享经济模式的一部分,可以通过政府的支持和引导,获得更多的资源和政策优惠，从而进一步推动平台的发展和壮大。

（4）促进政府与企业合作

智慧城市政策鼓励政府与企业进行合作，共同推动城市物流共享配送平台的建设和运营。如《关于开展国家智慧城市试点工作的通知》《关于推广第三批国家新型城镇化综合试点等地区经验的通知》等。政府可以提供政策支持和资金扶持，帮助企业解决发展过程中的困难和问题。同时，政府与企业之间的合作也可以为共享配送平台提供更广泛的资源和市场渠道。

4.4 本章小结

通过对政策与法规的分析，我们可以看到政府对城市物流共享配送平台的重视程度和支持力度日益增加。政策与法规对城市物流共享配送平台的发展具有重要的引导和规范作用，其在规范平台的运营行为、促进资源共享、提高物流效率、减少环境污染等方面起到了积极的推动作用。政府应继续加大对城市物流共享配送平台的支持力度，加强政策与法规的制定和执行，提升监管水平，推动平台的健康发展。同时，城市物流共享配送平台也应加强自身的合规意识，积极遵守相关政策与法规，促进行业的良性竞争和可持续发展。

5　城市物流共享配送平台的影响

　　城市物流共享配送平台通过整合城市内的物流资源，提供统一的物流服务，以提高城市库存、分拣、运输、配送等物流服务的效率和质量。平台整合的城市内的物流资源包括仓储设施、分拣设施、运输车辆、配送人员等。平台对资源进行整合和共享，使不同的物流企业、电商平台、商户和居民等都可以通过平台来共享物流服务，避免重复建设和资源浪费，提高资源的利用效率。同时，城市物流共享配送平台还是提供公共服务的平台，即为城市商人、业主、居民提供统一的配送服务。无论是电商订单、快递包裹，还是生鲜食品等，都可以通过平台进行集中配送，从而提高了配送的便捷性和可靠性。

5.1　城市物流共享配送平台对城市配送效率的影响

　　城市物流共享配送平台是在城市建设一个包括配送中心、配送网络和小区自动收发快递驿站的硬件平台和信息管理软件平台，是基于共享资源和公共服务的。平台整合了不同物流公司在城市配送中的资源，让不同公司的快递货件在统一平台内进行分拣和配送，最大限度地共享了分拣与配送资源。平台通过信息技术手段，包括云计算、物联网、大数据等，可以实现对物流资源和配送过程的全面监控和管理。平台还可以实时获取订单信息、配送需求以及交通状况等数据，通过智能算法进行路线规划和车辆调度，从而提高配送效率。同时，配送员可以通过平台获取配送任务，实时更新配送状态，提高配送的准确性和效率。通过推广共享资源和公共服务的理念，城市物流共享配送平台可以实现物流资源的最优配置和配送效率的最大化。

5.1.1 城市物流共享配送平台提高配送效率的机制

城市物流共享配送平台提高配送效率的机制主要有共享资源和提供公共服务两种。下面介绍共享资源的优势和公共服务的价值。

5.1.1.1 共享资源的优势

（1）共享分拣线

城市物流共享配送平台可以建立共享的分拣线，将不同物流企业的货物进行集中分拣。共享分拣线可以避免每个物流企业都建立自己的分拣设施，从而减少资源的重复投入和建设成本。同时，共享分拣线必然用到大型的自动分拣设备，它日夜不停地运作，就像城市中的交通环岛一样，来自不同方向的车辆绕行交通环岛又从不同的出口出去，而来自不同物流公司的货件从不同的分拣口自动分拣出去，这有效提高了分拣效率，减少了人力成本和时间成本，提高了分拣速度和准确性。由于不同物流企业的货件加在一起比较多，分拣就有了规模效益，从而实现了资源的最优配置。

（2）共享仓库中心

城市物流共享配送平台可以建立共享的仓库中心，将不同电商企业的货物集中存储和管理。共享仓库中心可以避免电商企业都建立自己的仓储设施，从而减少资源的重复投入和建设成本。共享仓库中心还可以通过智能化、自动化管理系统，实现对货物的快速入库、出库和库存管理，提高仓储效率和货物的安全性。同时，共享仓库中心集中在配送中心附近建设，拣货后通过传送带送达分拣中心分拣，这样可以减少货物的中转环节，从而提高配送效率。

（3）共享配送线路

城市物流共享配送平台可以建立共享的配送线路，对不同物流企业的配送需求进行整合和优化。共享配送线路可以避免重复配送和空驶里程，从而减少运输成本和时间成本。平台可以根据实时交通情况和配送需求，通过智能算法进行路线规划和车辆调度，制定最优的配送方案。这样可以提高车辆的利用率，缓解交通拥堵，减少对环境的影响，同时也能够提高配送速度和准确性。共同配送可以最大限度地减少集货时间，原来只能一天 2 次配送到市内小区，现在可以一天配送 8 ~ 12 次，有效缩短了配送时间。

（4）共享小区自动收发快递驿站

城市物流共享配送平台可以在小区内建立共享的自动收发快递驿站。这些驿站可以集中存储和管理小区居民的包裹和快递，提供自助取件和寄送服务。共享小区自动收发快递驿站可以改变小区内多个驿站共存的现实情况，将驿站数量减少到 1 个，方便居民寄送和收件。同时，居民可以根据自己的时间安排，自主取件和寄送包裹，这样可以提高配送的便捷性和可靠性。

（5）共享的物流信息管理平台

城市物流共享配送平台建立共享的物流信息管理平台，可以支持分拣、配送和小区自动收发快递驿站的运营，实现智能化管理。由于整合多方资源建设物流信息管理平台，其功能更强大、信息更全面、系统更完善，采用的信息技术手段也更先进，可以收集和分析大量的配送数据，从而优化配送路线和配送时间，有效提高配送效率和可靠性。

5.1.1.2　公共服务的价值

城市物流共享配送平台通过为政府、城市居民、快递公司、商业、服务业和制造业等多方面提供公共服务，为城市物流管理带来多重价值。

（1）对政府的价值

城市物流共享配送平台建设属于政府智慧城市建设内容之一，有助于政府打造宜居、智慧城市。平台可以有效整合城市内的物流资源和信息，提供统一的配送平台配送服务，从而提高物流效率和服务质量，缓解交通拥堵，减少环境污染，提升城市的交通运输效率。同时，平台还可以通过数据分析和监控，为政府提供物流运行的实时数据和分析报告，帮助政府制定更科学的城市物流规划和政策，提升城市的整体竞争力。

（2）对城市居民的价值

城市物流共享配送平台可以提供统一的配送服务，为城市居民提供便捷、高效的配送体验。居民可以通过平台进行在线下单、实时跟踪配送状态，这样可以减少等待时间和不确定性。同时，城市物流共享配送平台还可以提供灵活的配送时间和地点选择，满足居民的个性化需求。这样可以提高居民的生活品质和满意度，促进城市居民的消费活动和社会参与，有利于建设智慧、宜居、文明小区。

（3）对快递公司的价值

城市物流共享配送平台可以为快递公司提供更广泛的配送渠道和资源支持。快递公司只要支付少量的租金，就可以通过平台实现原有的分拣和配送服务，而且分拣和配送的服务质量更好。同时，快递公司可以共享物流资源和信息，从而减少资源浪费和建设成本。由于所有物流公司的快递都由共享配送中心分拣和配送，所以就会产生规模效益，分拣及配送的成本会变低。同时，平台提供的智能化管理系统和数据分析工具，可以帮助快递公司实现配送路线优化和车辆调度智能化，从而提高配送效率和准确性。这样可以提升快递公司的服务水平，促进行业的可持续发展。

（4）对商业的价值

城市物流共享配送平台可以为商业提供更高效的配送服务和供应链管理。由于配送中心有共享的仓储设施，这些公共仓储设施的自动化和智能化程度较高，能够很好地服务于无店铺网上销售。平时供应商将商品存放于仓库中，电商则全身心地在城市内通过网络平台展开销售，线上交易成功后，线下配送交由城市物流共享配送平台完成。商业形式可以从线下转移到线上，从而减少物流成本和配送时间，提高商品流通速度和销售效率。同时，平台提供的数据分析和预测功能，可以帮助商业进行市场需求的预测和商品库存的管理，从而提高供应链的响应速度和灵活性。这样可以促进商业的创新和发展，提升商业的竞争力和市场地位。

（5）对服务业的价值

城市物流共享配送平台可以为服务业提供更便捷和高效的配送支持。比如，餐饮外卖、生鲜配送等服务业可以通过平台进行集中配送，从而提高配送准确性和客户满意度。同时，平台可以提供灵活的配送时间和地点选择，满足服务业的个性化需求，提升服务质量和用户体验。这样可以促进服务业的发展和创新，拓展其服务范围并提升其市场份额。

(6) 对制造业的价值

城市物流共享配送平台可以为制造业提供更高效的物流支持和供应链管理。通过参与平台，制造业可以减少物流成本和库存压力，提高生产效率和响应速度。同时，平台提供的数据分析和智能化管理工具，可以帮助制造业进行供应链的优化和预测，提高供应链的可靠性和灵活性。这样可以促进制造业的发展和创新，提升制造业的竞争力和市场份额。

5.1.2　城市物流共享配送平台影响城市配送效率的表现

5.1.2.1　提高配送速度和准确性

(1) 优化配送路线和车辆调度方案，减少等待和延误时间

首先，城市物流共享配送平台因配送规模的扩大，可以摊薄大数据、云计算等大型设备的使用成本，因此可以投资使用智能算法和大数据分析等先进技术，从而优化配送路线。传统的城市配送因配送服务分散到各个快递公司，快递公司无力投资智能化设备，且人工算法往往存在路线不合理、重复行驶等问题，导致时间和资源的浪费。而共享平台因引入先进的物联网、大数据、云计算等，可以通过整合各个配送企业的订单信息，结合实时交通和路况数据，智能计算出最优的配送路线。这样可以避免重复行驶和交通拥堵，减少配送距离和时间，提高配送效率。

其次，城市物流共享配送平台可以通过建设智能车辆调度系统，优化车辆调度方案，提高配送效率。共享平台可以根据订单的数量、位置和时间窗口等信息，合理分配车辆资源，避免车辆的空载和重载，减少路程和时间的浪费。同时，共享平台还可以根据实时交通情况进行动态调度，合理安排车辆的行驶路线和时间，提高配送的及时性和准确性。

最后，城市物流共享配送平台还可以通过减少等待和延误时间提高配送效率。传统的城市配送中，各个快递公司的货量小，常常导致配送员等候配送的情况，通常只能做到一日两配，一日多配的成本较高。而共享平

台由于货量大，可以大大减少等货时间，城市内的每一个驿站都可以实现一日多配且成本下降。同时，共享平台可以通过建立信息共享和即时通信机制，使配送企业、配送员和接收方之间的沟通更加及时和顺畅，从而减少延误时间，提高配送效率。

（2）借助技术手段提供实时跟踪和监控，提高配送准确性

首先，共享平台可以通过全程实时跟踪和监控系统，实时获取配送车辆的位置和状态信息。这样，共享平台或接收方可以随时了解配送进展和车辆位置，并根据实时情况做出调整和决策。同时，共享平台还可以通过智能调度系统，将新的订单分配给最近的配送车辆，避免配送员空载或绕路，从而提高配送的效率和准确性。

其次，共享平台可以通过物流信息共享和交流，促进各个环节的协同配合。配送企业、仓库、驿站和接收方可以实时分享订单信息、货物状态、交通情况等，实现信息的共享和沟通。这样可以提高物流服务的透明度和协同性，减少信息不对称和沟通误差，提高配送的准确性和效率。

最后，共享平台还可以借助物联网技术、大数据分析和人工智能等技术手段，对仓储过程、分拣过程、配送过程、驿站等进行智能化管理和优化。通过物联网技术，平台可以实时监测货物的温度、湿度和运输条件等，确保货物的安全和质量。通过大数据分析和人工智能，平台可以根据历史数据和实时情况，对配送路径、配送时间窗口等进行分析和优化，提高配送的准确性和效率。

5.1.2.2 降低配送成本和对环境的影响

（1）减少人力和物力资源的浪费，降低配送成本

城市物流共享配送平台对降低配送成本具有重要作用，主要体现在减少人力和物力资源的浪费。

首先，城市物流共享配送平台通过集约化运营和资源共享，可以减少人力资源的浪费。传统的城市配送中，每个配送企业都需要拥有一支庞大的配送队伍，造成了人力资源的重复投入。而共享平台可以将各个配送企业的配送需求整合起来，通过统一的调度和资源配置，合理利用人力资源，避免人力资源的浪费，从而降低人力成本。

其次，城市物流共享配送平台还可以通过优化配送路线和车辆调度，减少物力资源的浪费。传统的城市配送往往存在路线不合理、重复行驶等问题，导致物力资源的浪费。而共享平台可以通过智能算法和大数据分析，优化配送路线和车辆调度，避免重复行驶和交通拥堵，减少物力资源的浪费，从而降低配送成本。

最后，城市物流共享配送平台还可以通过整合配送需求和货物量，实现货物的批量配送，从而降低运输成本。传统的城市配送中，由于订单分散、货量小，往往使用不合理的运输工具，造成运输成本的提高。而共享平台可以对不同配送企业的订单进行整合，实现货物的批量配送，从而降低运输成本。同时，共享平台还可以通过与其他配送企业合作，共享仓储设施和运输车辆，进一步降低配送成本。

（2）优化配送路线和提高车辆利用率，减少能源消耗和排放

城市物流共享配送平台可以通过智能算法和大数据分析优化配送路线，合理分配车辆资源，提高车辆利用率。平台还可以通过推广使用环保车辆，减少配送过程中的能源消耗和尾气排放，从而在降低配送成本的同时减轻对环境的影响。这不仅有助于城市物流行业的可持续发展，也符合社会对环保和可持续发展的要求。具体地：

首先，共享平台可以通过智能算法和大数据分析优化配送路线。传统的城市配送中，往往存在路线不合理、重复行驶等问题，导致能源的浪费和环境的负担。而共享平台可以通过整合各个配送企业的订单信息，结合实时交通和路况数据，智能计算出最优的配送路线。这样可以避免重复行驶和交通拥堵，减少配送距离和时间，从而降低能源消耗和减少碳排放。

其次，共享平台可以通过提高车辆利用率减少能源消耗和排放。传统的城市配送中，配送需求的不均衡和不同配送企业之间的竞争，往往导致车辆的空载和重载现象，造成能源的浪费。而共享平台可以通过整合配送需求和货物量，合理分配车辆资源，避免车辆的空载和重载，提高车辆的利用率。这样可以减少车辆的行驶里程和时间，降低能源消耗和减少尾气排放。

最后，共享平台还可以通过推广绿色配送和使用环保车辆，进一步降

低能源消耗和减少污染物排放。共享平台可以与环保车辆供应商合作,推广使用电动车、天然气车等环保车辆进行配送。这些车辆具有更高的能源效率和更低的尾气排放,可以减少能源的消耗和对环境的影响。

5.2 城市物流共享配送平台对资源节约与环境保护的影响

5.2.1 优化配送路线和提高车辆利用率

优化配送路线和提高车辆利用率是城市物流共享配送平台降低资源消耗和对环境影响的重要手段之一。通过配送模式的改变以及智能算法与大数据分析的应用,共享平台可以实现更加高效和合理的配送路线规划,同时合理分配车辆资源,从而降低能源消耗和减少碳排放。

5.2.1.1 优化配送路线

城市物流共享配送平台的出现带来了从 N2M(多个快递公司到多个小区)到 N2C2M(多个快递公司到一个配送中心再到多个小区)的配送模式转变,这种转变有效地减少了配送线路的数量和车辆的空驶情况。

如图 5.1 所示,在传统的 N2M 配送模式中,多个快递公司独立进行配送,每个快递公司都需要覆盖多个小区。这导致了大量的重复行驶和车辆空驶,不仅浪费了能源和时间,还加剧了交通拥堵和环境污染。

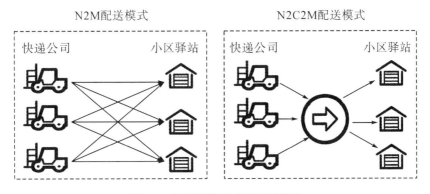

图 5.1　两种配送模式的配送线路

而城市物流共享配送平台通过建立一个统一的配送中心，将多个快递公司的货物集中起来，再配送到各个小区。这种 N2C2M 配送模式有效地减少了配送线路的数量和长度。多个快递公司的货物可以在配送中心进行整合，然后通过优化的配送路线进行配送，减少了重复行驶和车辆空驶的情况。这样不仅提高了配送效率和准时性，还能够降低能源消耗、减少碳排放和缓解交通压力。

因此，城市物流共享配送平台通过引入 N2C2M 配送模式，可以有效地减少配送线路和车辆的空驶情况，从而实现更加高效和环保的配送服务。这种模式转变对于资源节约和环境保护具有积极的影响。

5.2.1.2　提高车辆利用率

共享平台利用智能算法和大数据分析技术，可以对各个小区驿站的配送信息进行整合和分析。通过实时获取交通和路况数据，结合配送需求和货物量，共享平台可以智能计算出最优的配送路线。这些智能算法可以考虑到道路拥堵、配送距离、配送时间窗口等因素，帮助平台以最短的路径和最少的时间完成配送任务。通过避免重复行驶和交通拥堵，共享平台可以减少配送距离和配送时间，从而减少能源消耗和碳排放。

共享平台还可以合理分配车辆资源，提高车辆的利用率。传统的城市配送中，由于配送需求的不均衡和不同配送企业之间的竞争，往往存在车辆的空载和重载现象。而共享平台通过整合配送需求和货物量，可以合理分配车辆资源，避免车辆的空载和重载。通过合理地调度和配置资源，共享平台可以将不同配送企业的货物进行整合，实现多个订单的批量配送。这样可以提高车辆的利用率，减少车辆的行驶里程和时间，从而降低能源消耗和减少尾气排放。

提高车辆利用率不仅可以降低能源消耗和环境排放，同时也可以带来经济效益。通过减少配送距离和配送时间，共享平台可以降低配送成本，提高配送效率。同时，合理分配车辆资源可以减少空闲时间和空载率，从而进一步降低配送成本。配送企业可以通过共享平台实现资源的优化配置，减少不必要的运营成本，提高利润率。

提高车辆利用率还可以改善城市交通拥堵和道路安全问题。传统的城市配送往往导致道路交通拥堵，给城市交通带来压力。而共享平台可以通过优化配送路线，避免重复行驶和交通拥堵，减少车辆的数量和配送频率，从而降低交通拥堵的风险。同时，合理分配车辆资源也有助于减少交通事故，提高道路的安全性。

5.2.2　减少能源消耗和排放

城市物流共享配送平台通过避免重复行驶和交通拥堵、减少车辆的行驶里程和时间、推广使用环保车辆等多个方面的措施，可以有效地减少能源消耗和排放。这种模式的转变对于资源节约和环境保护具有重要意义，为实现可持续发展的城市物流做出了积极的贡献。

5.2.2.1　避免重复行驶和交通拥堵，减少配送距离和时间

城市物流共享配送平台通过智能算法和大数据分析，可以避免重复行驶和拥堵，从而减少配送距离和时间。传统的配送模式中，各个快递公司独自进行配送，往往会出现多个配送车辆在相同路段重复行驶的情况。而共享平台可以通过整合订单信息和实时交通数据，智能地规划最优的配送路线，避免了重复行驶和交通拥堵。这样可以减少配送距离和时间，降低车辆的能源消耗和碳排放。

5.2.2.2　减少车辆的行驶里程和时间，降低能源消耗

城市物流共享配送平台还可以通过合理分配车辆资源，减少车辆的行驶里程和时间，从而降低能源消耗。传统的配送模式中，配送需求的不均衡和配送企业之间的竞争，往往导致车辆的空载和重载现象，车辆行驶里程和时间相对较长。而共享平台可以通过整合多个快递公司的货物，实现多个订单的批量配送。合理的资源配置和调度可以避免车辆的空载和重载，减少车辆的行驶里程和时间，这样可以降低车辆的能源消耗，减少碳排放。

5.2.2.3　推广使用环保车辆，减少污染物排放

城市物流共享配送平台是面向公共服务的，具有公益性质，它可以通过推广使用环保车辆，减少污染物排放。传统的配送车辆往往使用内燃机车辆，会排放大量的废气和污染物。而共享平台可以鼓励和推广使用环保

车辆，如电动车、混合动力车等。这些环保车辆具有较低的尾气排放和噪声污染，对环境影响较小。共享平台可以给配送企业提供使用环保车辆的机会和资源支持，从而逐步减少污染物的排放，改善城市空气质量。

5.2.3 推动绿色配送和可持续发展

城市物流共享配送平台通过与环保车辆供应商合作、减少噪声和空气污染对城市环境的影响、满足社会对环保和可持续发展的要求等方面的努力，推动绿色配送和可持续发展。这种模式的转变对于改善城市环境质量、保护自然资源、提升物流行业的社会责任意义重大。

5.2.3.1 与环保车辆供应商合作，推广使用环保车辆进行配送

城市物流共享配送平台可以与环保车辆供应商合作，推广使用环保车辆进行配送。通过与环保车辆供应商建立合作关系，共享平台可以给配送企业提供使用环保车辆的机会和资源支持，如提供环保车辆的租赁或购买渠道，从而降低环保车辆的获取成本，促使更多的配送企业使用环保车辆进行配送。这样可以减少传统配送车辆的尾气排放，降低空气污染和环境影响，推动绿色配送的实施。

5.2.3.2 减少噪声和空气污染对城市环境的影响

城市物流共享配送平台可以通过减少噪声和空气污染对城市环境的影响，推动可持续发展。传统的配送车辆往往使用内燃机车辆，其噪声和尾气排放会对城市环境造成较大的影响。而共享平台可以鼓励使用低噪声、低排放的环保车辆，如电动车或混合动力车。这些环保车辆具有较低的噪声和废气排放，对城市环境的影响较小。推广使用这些环保车辆，可以减少噪声污染和空气污染，改善城市居民的生活环境。

5.2.3.3 满足社会对环保和可持续发展的要求

城市物流共享配送平台满足社会对环保和可持续发展的要求。随着环保意识的增强和可持续发展的重要性日益突出，社会对物流行业的环保要求也越来越高。城市物流共享配送平台作为一种创新的物流模式，通过优化配送路线、减少车辆空驶、推广使用环保车辆等措施，能够有效地减少能源消耗和污染物排放，降低对自然环境的负面影响。共享配送平台的发展与社会的环保和可持续发展目标一致，能够满足社会对环保和可持续发展的要求。

5.2.4 降低配送成本的同时保护环境

城市物流共享配送平台可以通过减少能源消耗和物力资源的浪费、减轻城市交通压力、推动城市物流行业的可持续发展等方面的努力，实现降低配送成本的同时保护环境的目标。这种模式转变对于提高物流行业的效率和可持续性具有重要意义，为城市可持续发展做出了积极贡献。

5.2.4.1 减少能源消耗和物力资源的浪费，降低配送成本

城市物流共享配送平台通过减少能源消耗和物力资源的浪费，实现降低配送成本的同时保护环境。传统的配送模式中，各个快递公司独立进行配送，往往出现重复行驶、车辆空驶等情况，导致能源和物力资源的浪费。而共享平台可以通过智能算法和大数据分析，优化配送路线，避免重复行驶和交通拥堵，减少配送距离和时间。通过整合订单和合理分配资源，共享平台可以提高配送效率，减少能源消耗和物力资源的浪费，从而降低配送成本。

5.2.4.2 减轻城市交通压力，改善交通拥堵和道路安全

城市物流共享配送平台可以减轻城市交通压力，改善交通拥堵和道路安全。传统的配送模式中，由于多个快递公司独立进行配送，造成了大量的配送车辆在同一时间和地点集中，增加了交通拥堵和道路事故的风险。而共享配送平台通过集中配送和优化配送路线，减少了重复行驶和车辆的空驶情况，降低了配送车辆的数量和集中度，从而减轻了城市交通压力，改善了交通拥堵情况，并提高了道路安全性。

5.2.4.3 推动城市物流行业的可持续发展

城市物流共享配送平台的发展推动了城市物流行业的可持续发展。传统的配送模式中，由于各个快递公司独立运行，产生重复行驶、车辆空驶等问题，不仅浪费了资源，还增加了能源消耗和环境污染。而共享配送平台通过整合订单、集中配送产生了较大的规模效益，巨大的货量摊薄了分拣成本和配送成本，再加上推广使用环保车辆、大量采用人工智能设备等措施，有效地降低了能源消耗和污染物排放。同时，共享配送平台也鼓励

和支持配送企业使用绿色和可持续的配送方式，如自动导向电动汽车、小区自动收发快递驿站等，这些举措有助于推动城市物流行业向可持续发展的方向转变，在降低配送成本的同时保护环境。

5.3 城市物流共享配送平台对城市发展与居民生活品质的影响

5.3.1 城市物流共享配送平台可以促进智慧城市建设

我国智慧城市的建设是指，通过应用信息技术和物联网等先进技术手段，提升城市管理和服务水平，从而改善城市居民生活质量的新型城市发展模式。智慧城市的内涵包括城市基础设施的数字化和智能化、城市数据的集成和共享、城市治理的创新和优化等方面。通过应用先进技术如人工智能、大数据分析、物联网等，智慧城市能够实现城市信息的高效管理、智能交通的优化、公共服务的智能化等目标。智慧城市的建设意义重大，不仅可以提高城市管理效率，优化资源配置，还可以推动产业升级和创新发展，并提升居民的生活品质和幸福感。

城市物流共享配送平台与智慧城市的建设是相辅相成的，它们可以共同推动城市的发展和居民生活品质的提升。一方面，智慧城市的建设为城市物流共享配送平台提供了技术和政策支持。在我国，智慧城市建设得到了政策的大力支持，国家相继出台了一系列政策文件，鼓励和引导各地推动智慧城市建设。比如，国务院印发《"十四五"数字经济发展规划》，该规划提出深化新型智慧城市建设，推动城市数据整合共享和业务协同，提升城市综合管理服务能力。另一方面，城市物流共享配送平台的发展也促进了智慧城市的建设。要打造文明、健康、宜居的城市小区，城市物流共享配送平台的建设起着重要的作用。共享配送平台可以通过智能化的配送系统，提供更便捷、更高效的配送服务，满足居民日常生活的需求。同时，共享配送平台也注重环保和可持续发展，通过推广使用环保车辆、优化配送路线等措施，降低噪声和空气污染，确保居民的健康和环境质量。便捷、高效、环保的城市物流共享配送平台是智慧城市建设不可或缺的重要部分，它将为城市的可持续发展和居民的幸福生活带来更多机遇和福利。

5.3.2 城市物流共享配送平台可以提高城市物流效率

随着电子商务的发展，逐年迅速增长的城市物流需要寻求更高效、低碳、绿色的创新发展模式，以取代当前物流快递公司各自为政的低效率配送。为此，应当遵循"共享物流"的发展理念，为未来的智慧城市构建一个政府主导下的公共共享物流平台，即城市物流共享配送平台。通过用此平台代替各个物流企业进行物流分拣与配送到指定的小区驿站，把城市配送的速度从过去的 4 小时缩短到 1 小时以内，进而提高配送效率。该平台可以充分运用物联网技术、大数据技术、云计算等新技术，重新构建智慧物流配送中心与驿站，并设计城市运输设备，使配送中心、驿站、车辆等相互契合，从而使政府、市民与物流快递公司实现共赢，为打造智慧宜居城市发展助力。

5.3.2.1 促进大型的自动分拣设备的应用，最大限度提高分拣效率

在传统城市物流模式中，由不同的快递公司负责分拣和配送，由于货量较少，其购买和建设大型自动分拣线的内在动力不足，而实现合并共享后，货量大增，可以建设大型自动分拣线来降低分拣成本。大型的自动分拣设备具有以下优势：

（1）自动分拣设备的高效性

传统的物流分拣过程通常依赖人工操作，速度较慢且存在出现人为错误的可能性。而自动分拣设备采用先进的技术，如机器视觉、机器学习和机器人等，实现了自动化的分拣过程。这些设备能够快速准确地识别和分拣货物，大大提高了分拣效率。

（2）大规模分拣处理的能力

城市物流通常涉及大量的货物和订单，传统的人工分拣往往难以应对大规模的需求。而大型的自动分拣设备具有较强的大规模分拣处理能力，可以同时处理大量的货物，实现高效的分拣操作。这种能力可以有效满足

城市物流的需求，提高物流效率。

（3）减少人力成本和提高准确性

自动分拣设备的应用可以使物流分拣过程减少对人力的依赖，降低人力成本以及出现人为错误的风险。由于自动分拣设备具有高度准确性，所以它可以避免分拣错误和错配，提高物流的准确性和精度。

（4）快速适应需求的变化

城市物流需求常常面临季节性和突发性的变化，传统的人工分拣难以及时调整和适应。而大型的自动分拣设备可以快速适应需求的变化，通过调整设备的运行模式和参数来满足不同的分拣需求，提高物流的灵活性和响应能力。

通过促进大型自动分拣设备的应用，城市物流共享配送平台最大限度地提高了物流分拣的效率。这对于城市物流行业的发展具有重要意义，同时也提升了物流服务的质量和速度，为居民提供了更好的配送体验。

5.3.2.2 优化配送路线和资源配置，减少重复行驶和空驶

城市物流共享配送平台共享了配送线路，有效减少了城市配送的路径，同时进一步改进了调度指挥系统，优化了配送路线和资源配置。

（1）将传统"N2M"的配送模式改变为"N2C2M"模式

传统的配送模式中，每个快递公司都独立进行配送，导致出现了重复行驶和空驶的现象。而城市物流共享配送平台通过整合订单和资源，将传统的"N2M"（多个配送车辆从不同的发货点到不同的收货点）配送模式转变为"N2C2M"（多个配送车辆从不同的发货点到一个配送中心再到多个收货点）配送模式。这种模式转变可以减少重复行驶和空驶的情况，提高配送效率。

（2）自动调度系统能高智能地指挥配送车辆的运营

城市物流共享配送平台通过引入自动调度系统，可以根据订单的特点、配送距离和交通情况等因素，智能地指挥配送车辆的运营。自动调度系统可以根据实时的数据和算法，快速分配任务和路线，避免重复行驶和拥堵路段，从而提高配送效率。这种高智能的调度系统可以更加精确地掌握配送车辆的运营情况，提高资源的利用率。

（3）优化配送线路

城市物流共享配送平台可以利用大数据分析和智能算法，对配送线路进行优化。通过收集和分析大量的配送数据，包括订单量、配送距离、交通情况等，平台可以找出最优的配送线路，避免重复行驶和拥堵路段，减少配送时间和成本。通过整合订单和合理分配资源，共享配送平台可以避免资源的浪费。比如，平台通过将不同快递公司的订单进行整合和合并，对同一区域或同一路线上的多个订单进行批量配送，这样可以减少重复行驶和空驶的情况，提高配送效率。

5.3.2.3　减轻交通压力，改善交通拥堵和道路安全

传统的配送模式中，多个快递公司的车辆在同一时间和地点集中开展配送服务，容易造成交通拥堵和增加道路事故的风险。城市物流共享配送平台通过减少车辆数量和集中度，改善了交通拥堵情况，并提高了道路安全性。同时，它可以通过以下几个方式来减轻交通压力：

（1）配送线路多样化

城市物流共享配送平台可以采用多样化的配送线路，如无人机配送和地铁线路配送。利用无人机进行配送可以避免在拥堵的地面交通中行驶，减少对道路的占用和交通压力；利用地铁线路进行配送也可以在地面交通拥堵时绕过拥堵路段，提高配送效率，减少交通压力。

（2）使用无人驾驶车辆

城市物流共享配送平台可以引入无人驾驶车辆进行配送。无人驾驶技术可以使配送车辆自动化行驶，通过先进的感知系统和智能算法，无人驾驶车辆可以遵循交通规则，降低交通事故的发生率。与传统的人工驾驶相比，无人驾驶车辆具有更高的安全性和准确性，可以降低发生道路事故的风险，保障道路安全，更重要的是，无人驾驶可以绕过交通高峰在凌晨时分配送。

（3）智能指挥系统的应用

城市物流共享配送平台可以应用智能指挥系统对配送车辆进行优化调度。通过收集和分析大数据，智能指挥系统可以实时监控交通情况，根据实际情况进行车辆调度和配送路线优化。智能指挥系统可以避免车辆在拥

堵路段等待或者重复行驶，从而缓解交通拥堵，减少道路安全隐患。

总之，城市物流共享配送平台充分利用原有的市政设施，以先进的物流设施设备、先进的技术能力，可以降低配送车辆的数量和集中度，改善交通拥堵和道路安全，提高物流效率，为城市居民提供更加安全和便捷的配送服务。

5.3.2.4 加速货物流通，提高物流效率和服务质量

城市物流共享配送平台可以通过以下三个方式加速货物流通，提高物流效率和服务质量：

（1）24 小时无间断分拣和配送

通过引入自动化分拣设备和智能调度系统，城市物流共享配送平台可以进行 24 小时的无间断分拣和配送服务，从而实现全天候的货物分拣和配送操作，提高物流的效率和速度。无论是白天还是夜晚，自动分拣线一直在运作，无人驾驶车辆在城市中来回穿梭，无人值守小区驿站安全地为客户服务，用户完全可以享受到及时的城市配送服务，这加速了货物的周转和流通。

（2）全面整合配送服务和物流资源

通过整合多个物流公司的市内配送业务，城市物流共享配送平台可以优化、错峰到货时间，减少各小区的集货、等货时长，提高日配周期。实现共同配送后，城市物流共享配送平台可以将每日 2 配提高到每日 8 配。全面整合地铁、公交等市政设施，机场、火车站、汽车站的仓储设施和物流资源，以及供应商的配送车辆、电商平台的信息资源，可以提高物流服务的覆盖范围和灵活性，加速货物的流通，提高物流效率。

（3）灵活多样的配送服务

城市物流共享配送平台可以提供灵活多样的配送服务，满足不同用户的需求。平台还可以提供标准快递、同城配送、定时配送、冷链配送等多种配送服务。用户可以根据自己的需求选择适合的配送方式，提高物流的灵活性和个性化。这样可以加快货物的流通速度，提高平台的服务质量和用户的满意度。

5.3.3 城市物流共享配送平台可以促进城市经济发展

5.3.3.1 降低物流成本，提升企业竞争力

城市物流共享配送平台是面向城市公共服务的，属于市政公共公益设施，使用平台的服务只需要支付比较低廉的费用，其目的是最大限度地降低城市配送的成本，提高服务质量。无论是本市的制造业、商业还是服务业，企业都能够以更具竞争力的价格提供产品和服务，从而提升市场竞争力，促进城市经济的发展。同时，平台通过整合物流资源和优化配送路线，可以有效降低物流成本，再加上政府公共资金的支持，服务价格得以变得低廉。

5.3.3.2 激发创新和创业活力，促进新兴产业发展

城市物流共享配送平台的兴起确实为创新和创业提供了新的机遇。首先，促进新的商业圈形成。随着城市物流共享配送中心的建设，周围会形成新的商业圈，这些商业圈可能会吸引一些"前店后配"的作坊店面。这些店面可以将生产和配送环节紧密结合，提供快速、高效的订单处理和配送服务。这种模式可以降低店面成本，提高运营效率，为创业者提供了新的商业机会。其次，无店铺销售网店兴起。共享配送中心提供了便利的仓储和配送设施，使得无店铺销售的网店得以兴起。创业者可以借助配送中心廉价租金的共享配送仓库，将产品储存和配送环节外包，并通过网络销售渠道将产品销售到市内。这种模式改变了以往的店铺销售模式，可以降低创业成本和风险，提高灵活性，为创业者创造了更多的机会。最后，创新物流解决方案。城市物流共享配送平台的兴起还促进了物流行业的创新。通过应用新技术，如智能物流管理系统、无人驾驶车辆和无人机配送等，创业者可以提供更高效、准确和可靠的物流解决方案。这种创新可以帮助创业者打破传统物流模式的限制，提高服务质量和用户体验，为创业者带来更多商机。

无店铺电商与前店后配营销模式的配送情况如图5.2所示。

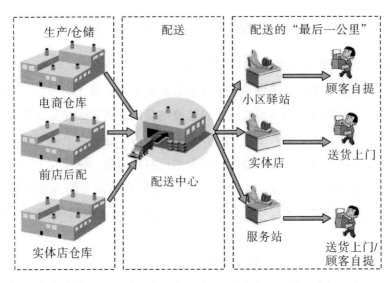

生产/仓储 配送 配送的"最后一公里"

电商仓库

前店后配

实体店仓库

配送中心

小区驿站

实体店

服务站

顾客自提

送货上门

送货上门/顾客自提

图 5.2　无店铺电商与前店后配营销模式的配送情况

5.3.3.3　扩大市场规模，促进城市商业繁荣

城市物流共享配送平台的发展可以扩大市场规模，促进城市商业的繁荣。具体地：

（1）商家更便利地将商品发往市外

城市物流共享配送平台提供了便捷、高效的物流服务，使得商家能够更便利地将商品发往市外，快速将商品送达全国各地的消费者，从而拓展市场份额，扩大销售范围，促进商业的发展。

（2）商家在市内销售更方便配送

商家可以通过城市物流共享配送平台将商品送至消费者所在的地点，无论是居民区、写字楼还是商业中心，都可以实现快速、准确的配送。这提高了商家的销售效率，提升了顾客的购物体验，推动了城市商业的繁荣。

（3）促进就业

城市物流共享配送平台的发展为城市创造了更多的就业机会。平台的运营需要程序员、信息员、系统管理员、设备调试员、配送员、仓管员、客服人员等各类人才，这为城市居民提供了就业和创业的机会，有助于提高就业率和居民收入水平。同时，城市物流共享配送平台的发展还可以带动相关产业链的增长，进一步促进就业和经济的发展。

5.3.4 城市物流共享配送平台可以提升居民生活品质

5.3.4.1 提供便捷的配送服务，提升购物体验

城市物流共享配送平台提供了便捷的配送服务，可以提升用户的购物体验。其服务内容包括以下几个：

（1）快速送达

城市物流共享配送平台建设了网店共享配送仓库，供应商通过干线运输将商品送达仓库，消费者下单后，仓库分拣商品，再通过市内配送系统，从而在较短的时间内将商品送达消费者手中，这样可以提高购物的便利性和效率。

（2）灵活的配送时间

城市物流共享配送平台通常会提供灵活的配送时间选项，消费者可以根据自己的需求选择最合适的配送时间段。另外，无人值守的小区配送驿站也方便消费者更好地安排自己的时间接收商品，提升了购物的便捷性。

（3）实时追踪和通知

城市物流共享配送平台通常会提供实时的物流追踪功能，消费者可以随时了解自己商品的配送状态和预计送达时间。此外，平台也会通过短信、手机应用程序等方式及时通知消费者商品的配送情况，消费者能够第一时间了解到配送信息，这为消费者提供了更好的购物体验。

（4）安全可靠的配送

城市物流共享配送平台通常会对配送员进行严格的背景调查和培训，确保其配送过程中的安全性。此外，平台也会采取措施保证商品的完整性和质量，确保商品在配送过程中不会受到损伤。这样，消费者可以放心地购物，其购物的信任度和满意度得以提升。

城市物流共享配送平台通过提供以上配送服务，使得消费者能够更便捷地购买所需商品，提高了消费者购物的满意度和便利性。同时，这也为商家提供了更好的销售渠道和机会，促进了城市商业的繁荣。

5.3.4.2 减少噪声和空气污染，改善居住环境质量

城市物流共享配送平台可以减少噪声和空气污染，显著提升居民的生

活品质，改善其居住环境的质量。

（1）减少噪声污染

传统的物流配送模式中，大量的货车和配送车辆在城市中穿行，产生了噪声污染。而城市物流共享配送平台通过整合物流资源和优化配送路线，减少了物流车辆的数量和行驶里程，从而降低了噪声污染。这使得居民能够享受更加安静的居住环境，提升了居民的生活品质。

（2）减少空气污染

传统物流配送方式中使用的燃油车辆会产生尾气排放，导致空气污染。而城市物流共享配送平台鼓励使用环保交通工具，如电动车等，这些交通工具不会产生尾气污染。使用环保交通工具进行配送，可以减少空气污染，改善居民的居住环境，提高居民的健康水平和生活品质。

（3）提高居住环境的质量

对于居住环境，人们不仅关注空气清新、环境优美和舒适宁静，还要关注商品配送是否便捷。未来，网购商品和服务将会越来越多，城市物流共享配送平台可以减少交通噪声和尾气排放，便捷地送达商品，居民可以享受更加清新、宁静的居住环境，同时体验到更快捷的配送速度，更高质量的配送方式，更低廉的配送成本，有助于增强居住的舒适感和幸福感。

5.3.4.3 促进社区互动和文化生活，提升社区凝聚力

建设无人值守小区驿站可以促进社区居民之间的互动和文化生活，提升社区的凝聚力。居民可以在驿站内沟通交流、组织活动、分享资源和互帮互助，从而增进彼此之间的联系和友谊。这样的互动和文化生活的丰富，使社区成为一个充满温暖、活力的空间，可以提高居民对社区的归属感和认同感，增强社区的凝聚力。因此，无人值守小区驿站在促进社区互动和文化生活方面发挥着重要的作用，其具体作用如下：

（1）社区文化活动交流中心

无人值守小区驿站可以成为社区居民交流和互动的中心。居民可以在驿站内共享信息、交流经验、组织社区活动等。例如，驿站可以设立社区公告栏或信息发布板，居民可以在上面发布邻里活动、社区公益事项等信息，吸引其他居民的参与和关注。这样的交流中心有助于加强居民之间的

联系和互动，提高社区的凝聚力。

（2）文化活动和展示空间

无人值守小区驿站可以提供丰富的文化活动和展示空间，为社区居民提供多样化的文化体验。驿站可以组织书画展、摄影展、手工艺品展等文化活动，展示居民的才艺和创作成果。同时，驿站也可以设立图书角、音乐角等，提供图书、音乐等文化资源供居民借阅和欣赏。这样的文化活动和展示空间不仅丰富了居民的文化生活，还促进了居民之间的交流和互动，增强了社区的凝聚力。

（3）社区服务和互助平台

无人值守小区驿站可以提供社区服务和互助平台，帮助居民解决生活中的一些需求和问题。驿站可以设立邻里互助点，居民可以在这里交流互助信息，提供帮助和支持。例如，邻居可以通过驿站提供的社区配送服务，互相帮助送快递、接送孩子等。这样的社区服务和互助平台不仅提供了便利，还促进了居民之间的互动和互助，增强了社区的凝聚力。

通过促进社区互动和文化生活，城市物流共享配送平台可以提升社区的凝聚力。居民在使用城市物流共享配送平台的过程中，不仅享受到了便利的配送服务，还能与其他居民建立联系，这样可以增进社区居民之间的互动和友谊。这种社区互动和文化生活的丰富，提升了社区居民的归属感和认同感，提高了社区的凝聚力和活力。因此，城市物流共享配送平台可以推动社区的共建共享和可持续发展。

5.3.5 城市物流共享配送平台可以保护环境与推动可持续发展

环境的污染主要表现在大气污染，汽车等交通运输工具在运行过程中要排放大量的尾气，其中造成大气污染的有害成分有一氧化碳、未完全燃烧的碳氢化合物、氮氢化合物、铅氧化物、浮游性尘埃等。环保监测部门对机动车保有量与大气污染物浓度变化进行了长期的检测和分析，结果显示，城市大气中氮氧化物浓度与机动车保有量的相关系数为 0.973，呈现明显的正相关关系，表明汽车等机动车的尾气排放增加直接导致了城市中大气污染物浓度的增加。

同时，过度的包装、快递垃圾等也是近年来严重影响环境的污染源。为此需要改变传统的物流模式，通过减少能源消耗和物力资源浪费，有效地降低碳排放。这对于应对气候变化和保护环境具有重要意义。城市物流共享配送平台不仅提供了便捷的配送服务，还推动了可持续发展，促进了资源的有效利用。因此，城市物流共享配送平台在减少碳排放和保护环境方面具有积极的影响。具体如下：

（1）减少能源消耗和物力资源浪费，降低碳排放

城市物流共享配送平台通过优化配送路线和整合物流资源，将多个物流公司配送到多个小区的模式（N2M），改为多个物流公司配送到一个配送中心、再配送到多个小区驿站的模式（N2C2M），不仅配送线路少了，还能让线路较少的订单合并在一起进行配送。这样可以减少重复行驶和空驶的情况，从而减少能源的消耗。同时，整合物流资源还能够使平台更有效地利用配送车辆和人力资源，从而减少物力资源的浪费。

（2）使用环保交通工具

城市物流共享配送平台鼓励使用环保交通工具进行配送，如电动汽车等。相比传统的燃油车辆，环保交通工具不会产生尾气排放，减少了碳排放。这种环保交通工具的使用不仅降低了能源消耗，还减少了平台对石油等资源的依赖。另外，公交或地铁也可以整合和利用。

（3）减少包装和共享周转箱

城市物流共享配送平台将在配送环节大量采用可回收的周转箱，采用环保、可回收的周转箱可以减少包装的浪费和资源消耗。同时，周转箱、托盘及运输工具也是特别定制的，可以相互配合，即其尺寸的选择需要考虑到物料的标准尺寸模数，这样可以提高装卸的效率，从而减少碳排放。

5.4 本章小结

城市物流共享配送平台的建设对于智慧城市建设和城市公共服务具有重大的现实意义和实践意义。首先，城市物流共享配送平台能够优化城市

交通，缓解交通拥堵问题，提高城市交通效率，减少交通事故的发生。其次，城市物流共享配送平台通过合理规划物流路线，可以减少物流车辆的行驶里程和运输次数，从而减少能源消耗、降低碳排放以应对气候变化。再次，城市物流共享配送平台通过整合物流资源可以提升配送效率，降低物流成本，提供更快速、准确的配送服务，满足市民对物流的需求。最后，城市物流共享配送平台通过减少能源消耗、降低碳排放和优化物流资源利用，可以减少环境负荷，提高资源利用效率，这有助于推进城市可持续发展。

总之，城市物流共享配送平台的建设对于智慧城市建设和城市公共服务具有重大的现实意义和实践意义，推进城市物流共享配送平台的建设对于提升城市生活质量、促进城市可持续发展具有积极影响。

6 城市物流共享配送平台的发展与实践

城市物流是现代城市运行的重要组成部分，而城市物流共享配送平台作为一种新型的物流模式，正逐渐受到越来越多城市的关注并被应用。本章将着重探讨城市物流共享配送平台的发展与实践。首先，通过国内外共同配送的典型案例分析，我们将了解到不同国家和地区在城市物流共享配送领域的先进经验和成功做法。其次，我们将深入探讨城市物流共享配送平台建设中的政府角色，包括政府治理相关理论和引导作用。再次，我们还将探讨城市物流共享配送平台的企业参与和合作机制，包括快递公司与政府合作的机制和模式，以及各利益相关方的合作与协同机制。最后，我们将讨论城市物流共享配送平台的推广路径和运营策略，包括推广的路径和步骤，以及运营的策略和方法。

通过本章的研究和分析，我们将深入了解城市物流共享配送平台的发展现状和实践经验，为我们更好地理解和应用这种新型的物流模式提供指导和启示。同时，对于政府、企业和各利益相关方来说，本章的内容也将为他们在城市物流共享配送平台建设中发挥有效的作用提供有益的参考。

6.1 国内外共同配送的典型案例分析

6.1.1 国外共同配送典型案例

共同配送最早起源于日本[36]，目前，共同配送模式已在日本、美国、德国等一些物流产业发达的国家得到广泛应用，是一种比较先进的物流方式，对于提高物流效率、降低物流成本具有重要意义。关于共同配送的定义，有几种不同的说法。按日本工业标准（JIS）的解释，共同配送是指，为提高物流效率，对许多企业一起进行配送；按日本运输省的定义，共同配送是指，在城市里，为使物流合理化，在几个有定期运货需求的货主的合作下，由一个卡车运输业者使用一个运输系统进行的配送。在我国的《物流术语》（GB/T 18354—2006）中，共同配送是指由多个企业联合组织实施的配送活动。

6.1.1.1 日本的7-11便利店共同配送[37]

1973年，日本的主要零售商伊藤洋华堂将美国一个众所周知的便利店集团7-11引入日本。日本7-11经过对自营的小型零售业（如小杂货店或小酒店）改造后，形成独特的标准化销售技术的连锁便利店。7-11连锁店作为新兴零售商特别受年轻一代的欢迎，从而急速扩张。截至2022年7月下旬，7-11日本全国店铺总共有21 355家。日本7-11便利店共同配送示意图如图6.1所示。

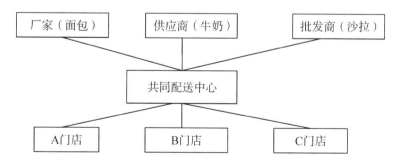

图6.1 日本7-11便利店共同配送示意图

资料来源：《7-11连锁业真经》。

由于每一个便利店基本都开在人口密度大、流动性强、店面租金高的地方，所以店面小，存货不多，便利店依靠的是小批量的频繁进货，通过厂家、批发商、供应商直接送货已经不能支撑现实需求。因此，总部在全国开设了常温管理、5°C 管理、20°C 管理和−20°C 管理 4 个配送中心，并将配送业务委派给第三方物流公司。商品是先按要求分类送到指定配送中心，再由配送中心根据各店铺货物需求和时间要求进行统一配送到达便利店。变革之后，企业配送车辆数量和店铺每天接车次数均大幅下降，交通流量削减 80%以上，通过共同配送系统配送的商品占全部商品的 85%以上，配送时间和距离也逐步得到了优化。

6.1.1.2 美国沃尔玛共同配送中心

沃尔玛（Walmart）公司是全球零售业年销售收入位居第一的巨头企业，高效的供应链体系一直是其核心竞争力之一。沃尔玛在 20 世纪下半叶时，为了应对零售业面临的交货周期缩短、生产成本降低以及服务质量要求提高的种种竞争，着手改进物流配送中心体系，提出了崭新的零售业配送理论，实行"完全统一配货"模式，为商店和顾客提供最为迅速的服务。如图 6.2 所示，供应商把商品运送到其共同配送中心后，商品没有任何阻力地在中心流动、分拣，从一个门进从另一个门出，然后由沃尔玛自己的车队按照事先计划好的时间运送到超市，整个过程实现了供应链的"无缝"连接，可以快速响应消费者需求。这不仅在很大程度上降低了生产成本，而且提高了存货周转速度，从而形成了沃尔玛的竞争实力。

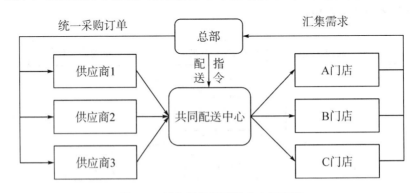

图 6.2　沃尔玛共同配送中心示意图

目前，沃尔玛店铺 87%的商品都经过共同配送中心实现配送，而其竞争对手仅能达到 50%的水平。共同配送中心的平均面积约为 10 万平方米，一个共同配送中心一般能满足 100 多个周边城市销售网点的需求，其运输的半径短而均匀。科学设立共同配送中心可以降低将近 50%的物流成本，使得沃尔玛能在保障质量的同时以更低的价格向顾客提供所需要的商品。

沃尔玛的共同配送中心凭借其特殊的地位及其拥有的各种先进设施和设备，能够将分散在各个生产企业的产品集中到一起，然后经过分拣、配装，向多家用户配送。与此同时，共同配送中心也可以把各个用户所需要的多种货物有效地组合在一起，形成经济、合理的货载批量。实践证明，利用共同配送中心来集散货物，可以提高卡车的满载率，由此可以降低物流成本。

2018 年 3 月 21 日，沃尔玛中国在深圳总部举办的"2018 年全国承运商大会"上，分享了"共享卡车"等成功实践。沃尔玛通过跨界资源整合实现了增量资源，使"共享卡车"在沃尔玛天津配送中心和嘉兴配送中心落地实践，2 个配送中心各有 1 位承运商集中提供增量资源，支持共计 16 位承运商调配增量资源共享卡车，估算节约成本超过 26 万元，实现 160 家商场在春节期间的稳定供应。

6.1.1.3 英国布里斯托尔城市集运中心[38]

英国布里斯托尔（Bristol）城市集运中心是在当地政府合作的基础上建立的，得到欧盟特别项目的支持，并被用来评估城市物流的价值。DHL公司在当地政府的授权下，负责集运中心的日常运营，集运中心所用的电动车辆由 Smiths 公司提供。

英国布里斯托尔城市集运中心服务于 64 家不同类型的零售商，旨在服务拥挤的城市中心区域（见图 6.3）。其运作有益于改善空气质量、减少交通拥堵、缓解停车和货物装卸的压力；保障城市居民安全使用道路；为零售商店提供更多有益的服务；提高当地居民和游客的生活品质。

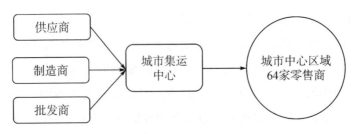

图 6.3　城市集运中心示意图

据统计，在运营之后的 6 年时间，集运中心在各个领域取得了较高的成就：实现了 100% 的准时配送，为 50% 的零售商平均节省约 20 分钟的配送时间，减少了 76% 的零售商配送次数，共节约 264 000 千米的运输里程，减少了 30% 的 CO_2 排放，回收了 26 400 千克的纸板和塑料包装材料，创造了显著的企业价值和社会价值。

华为英国委托法维翰咨询公司开展的最新研究显示，伦敦和布里斯托尔引领着英国智慧城市的发展。作为英国的智慧城市建设典范，布里斯托尔市不仅在智慧交通、智慧环境和智慧医疗等领域取得了一些成果，而且在政府引导、创新推动和市民参与等方面也具备一定的优势。

6.1.2　国内共同配送典型案例

6.1.2.1　重庆共享物流有限公司

重庆共享物流有限公司成立于 2016 年，主要从事包装物租赁业务共享，现持可回收围板箱 2 万余套（见图 6.4），总部设立于重庆市，当前已建立覆盖中国大部分省市的服务网络。产品支持及客户共同分享共享设备带来的成本节约与附加价值，让客户有更多的时间专注于核心业务。

3#围板箱

6#围板箱

5#围板箱

图 6.4　共享包装箱

重庆共享物流有限公司的共享流程如图 6.5 所示。具体流程如下：
①客户工厂向共享服务中心下达订单；②共享服务中心随即向客户工厂配
送可回收包装物；③客户装箱完成后，共享运输至下游客户工厂；④下游
客户工厂将使用后的包装物就近送到共享下游回收仓储中心；⑤共享下游
回收仓储中心集中回收包装物返回共享服务中心。

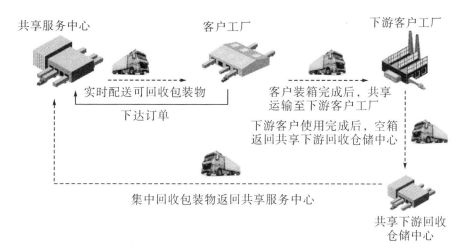

图 6.5　重庆共享物流有限公司的共享流程

6.1.2.2　宁夏贺兰工业园区公共仓储

宁夏贺兰工业园区作为宁夏回族自治区设立较早的园区，是全区民营
企业集中度最高的园区，也是贺兰县域的经济支柱。"十四五"期间，宁
夏贺兰工业园区以特色产业为重点，以龙头企业为依托，发挥园区集聚集
群效应，努力打造成为黄河流域生态保护和高质量发展先行区示范产业
园、自治区高新技术产业开发区、全国新食品优势产业园。

2016 年 10 月，贺兰县通过政府购买服务的方式，让公共仓储为园区
企业提供免费仓储和电商物流一体化服务，期限两年。公共仓储占地
3 000 平方米，位于 6 号定制化分拣中心，二楼为常温普通仓储，为 52 家
企业提供免费仓储和电商物流一体化服务，服务对象以商贸流通业为主，
储存货品以常温食品为主，采用前店后仓的产业模式，把电商服务、仓
储、快递等环节有效集成。园区企业只需将商品储存在公共仓储，网上销
售后发订单信息通知公共仓储作业人员发货即可。

公共仓储整合仓储资源，集中开展城市共同配送，不仅有效解决了企业用地难、用地紧张、资金不足、物流成本居高不下的问题，也切实降低了园区成本，提升了园区综合效益，从而促进了园区企业健康、持续发展。

6.1.2.3　安徽小兵驿站

安徽兵尚科技有限公司（小兵生活驿站，以下简称"小兵驿站"）成立于 2018 年 5 月，总部位于安徽省合肥市中国科学技术大学先进技术研究院，它致力于解决快递物流"最后一公里"问题，打造社区生活综合服务商业体，旨在服务百姓、回馈社会。

线下，以小兵驿站、小兵共配、小兵云商为实体，整合仓储配送、通信运营商、生鲜预售、便民到家等资源；线上，基于自主研发的小兵驿站、小兵生活、小兵云商等大数据供应链综合平台，整合引流导购、广告推销、优选商城和便民服务等业务。

小兵驿站由专业信息科技、电子商务、金融、品牌等行业的优秀人才共同组建创办，公司秉承"我们不断在前行"的商业理念，不断锐意进取、勠力前行，当前已进驻全国 17 个省份，300 余座主要城市（含县），合作商户及门店逾 30 000 家，累计服务超 5 亿人次。

小兵共配解决了多家快递公司包裹的到、派、签，实现了移动式、一站式、便携式、开放式、平台化、可视化、多业态、高效率、低成本的快递共同配送，并实现了巨量用户、巨量品种、海量订单的快速处理，以及多家快递员共享一个快递账号，帮助真正有物流梦想的企业成功打造区域性物流共同配送的公共开放性现代化物流配送管理体系。

小兵云商是由安徽兵尚科技有限公司提供的面向商家的第三方仓配服务，当前为商家提供具有行业特色、电商特色的仓配服务，可以提高商家的仓配执行效率、节约管理成本，同时通过打造多样化、个性化的服务向消费者提供更优质的物流服务体验。

6.1.3 国内外共同配送案例的启示

6.1.3.1 共同配送模式是可行的

前文的案例都表明，共同配送模式可以有效降低配送成本，实现运输优化，提高配送效益。这对于缓解交通拥堵、减少环境污染、提高物流行业的效率以及促进可持续发展都具有积极的影响。

在日本的 7-11 便利店共同配送中，不同的便利店依托快速高效的共同配送货物模式，减少了门店存货，一些商品门店只存 1~2 件货品，卖完后立刻补货，让更小的空间摆上更多的货品，从而节约了门店租金，这充分表明了共配模式对商业的支持。

美国沃尔玛也采用了共同配送模式，通过合并优化配送线路，减少了重复的配送行程，通过共享运输资源，减少了运输成本，提高了运送效率，充分体现了共配的成本优势。

英国布里斯托尔城市集运中心通过集中配送货物减少了城市中心的交通压力，从而缓解了交通拥堵和环境污染。

重庆共享物流有限公司和宁夏贺兰工业园区公共仓储等案例则表明，共享包装物或共享仓储等物流设施和物流资源是可行的，可以有效降低物流成本。

小兵驿站是我国的一个共同配送平台，尽管其当前所占的市场份额不高，但快递公司可以共同利用平台上的配送资源，实现多个快递公司的货物合并配送，从而提高了效率和降低了成本。它可以为城市物流共享配送平台的建设提供借鉴。

6.1.3.2 共同配送的发展还处于低级阶段

从共同配送的发展上看，其可以分为三个层次：

（1）单个企业内共配

单个企业内共配是指某一家商贸流通企业在自己的配送中心内集中处理所销售的不同货物，并配送到自己的不同门店，如前文提到的沃尔玛、7-11 便利店就是采用这种模式的典型企业。它们通过配送中心对门店物流进行集中管理，绝大多数的货物都是由供应商运送到指定的配送中心，再由自己的配送团队或者第三方将配送中心的货物分发到零售门店。这种共配是本企业内部的物流过程，无论其共配规模多大，共配方式多先进，但它只为自己的企业配送，所以都是最低层次的共同配送形式。

（2）多个企业共配

多个企业共配即由多个企业联合组织实施的配送活动。在集运中心内，对不同企业的货物进行整合，然后统筹安排配送时间、次数、路线和货物数量，再配送到不同商贸零售企业的不同门店。共同配送模式可以对各商贸企业独立分散的配送进行整合，达到资源的优化配置和高效利用，同时保证了服务的规范性和可靠性。前文的英国布里斯托尔城市集运中心、宁夏贺兰工业园区公共仓储、重庆共享物流有限公司，都是此类性质，它们服务于不同的企业。此类共同配送的不足之处是服务面比较狭窄，没能服务到所有的公民或企业。如英国布里斯托尔城市集运中心只面对有限的零售企业，宁夏贺兰工业园区公共仓储也只是共享仓储，重庆共享物流有限公司只是共享包装。

（3）全社会共配

全社会共配是最高形式的共配，它不针对特定的企业或行业，而是对所有的公民、企业、政府、社会组织开放配送服务，其配送环节涉及集货、分拣、加工、配货、包装、运送、分发等配送的全流程。小兵共配有服务于末端配送的驿站，也有服务于企业的云仓和渠道共配，具备了全社会共配的一些特点，但是它的服务种类还是比较少，只在部分专业领域服务，主要是末端、仓库和干线运输这三部分。这主要是由于它不只服务于一个城市，所以其服务种类不会太多。另外，它是私营企业，不是政府主导支持企业，规模有限，所涉及的配送环节也不多，很难做到系统性、全链条的配送。

本书所提到的城市物流共享配送平台就是一个全社会共配模式，提供针对进入本城市的货物及送出本城市的所有货物进行分拣、配送、分发的一站式服务，无论货物来自哪一个企业、个人或组织，只要支付少量的费用，就可享受公共服务。

6.1.3.3 共同配送需要政府的大力支持

英国布里斯托尔城市集运中心的成功得益于当地政府和欧盟的大力支

持。当地政府为了减少城市中心的交通压力，建设智慧、绿色的旅游城市，着手打造城市集运中心，帮助64家零售商运输商品进入市中心，取得了很好的效果。

同样，随着电商的迅猛发展，我国每一个城市的快递数量都在暴增，快递运输车辆对城市的压力不容小觑。面对这一公共问题，建立一个统一的城市配送中心是比较好的解决方案。但是，这是一个投资大、收益低的项目。之所以投资大，是因为它要解决全市的仓储、分拣、配送、分发问题，其自动化、机械化、智能化程度的要求很高，是一个巨大的工程，也涉及城市建设、市政设施、城市规划等方方面面。之所以收益低，是由于它只能收取较低的服务租金，一旦收取的租金过高，快递公司会自主分拣和配送，共享配送的规模效益就不能体现出来，运营成本会升高。所以，共同配送是一个市场经济失灵的部分，需要政府的干预，政府在推动共同配送方面应扮演主导共配中心的建设与运营的重要角色。目前，一些国家和地区的政府已经意识到共同配送的潜力，并采取了各种政策和措施来支持和促进这一模式的发展。

6.1.3.4　城市物流共享配送平台建设需要与智慧城市建设同步进行

英国布里斯托尔市在建设城市集运中心时充分考虑了智慧城市建设，并引领了英国智慧城市的发展。这是一个很好的例子，说明城市物流共享配送平台的建设需要与智慧城市建设同步进行。

智慧城市建设旨在通过应用信息和通信技术，提高城市的运行效率、优化资源利用，并提供便利的公共服务。在城市物流共享配送平台的建设中，智慧城市的概念可以被充分应用。例如，智能物流管理系统可以实现对货物的实时跟踪和管理，提高配送的精确度和效率。同时，利用智慧交通系统，可以优化配送路线，缓解交通拥堵，减少运输时间。此外，智慧城市的数据分析和预测能力，也可以为物流企业提供更准确的需求预测和运输规划。

因此，将城市物流共享配送平台的建设与智慧城市建设相结合，可以实现更高效、可持续的城市物流运输。这不仅能够降低运输成本，提高配送效益，还能够缓解交通拥堵和环境压力，并促进城市的可持续发展。

在未来的智慧城市建设中，城市物流共享配送平台的发展将扮演重要角色，它将成为城市物流运输的重要组成部分，为城市居民和企业提供更高效、便捷的物流服务。

需要注意的是，这些启示仅仅是从一些案例中得出的一般性结论，实际的情况可能会有所不同。在实施共同配送模式时，仍需要根据具体的市场和企业情况进行深入研究和分析，并结合实际情况进行决策和实践。

6.2　城市物流共享配送平台建设中的政府角色

6.2.1　政府治理的相关理论

政府治理是指在市场经济条件下政府对公共事务的治理[39]。政府治理有广义和狭义两种含义。广义的政府治理是指，整个公共行政的发展从传统迈向"善治"的过程；狭义的政府治理是指，政府依法律善治的治理模式。

6.2.1.1　政府干预理论

在欧洲工商业发展繁荣的16、17世纪，海上经济贸易活动盛行，出现殖民霸权在国家层面上的竞争，许多从事商业活动的代表认为，政府可以也必须干预经济活动，这样可以促进经济社会的发展。工业革命后期，亚当·斯密等自由主义学者论述了政府职能充当"守夜人"的角色，强调政府干预并不是所有领域的终极手段。直到20世纪30年代，西方国家普遍出现了"市场失灵"的现象，"政府干预理论"的倡导者凯恩斯认为，"看不见的手"在资源配置方面存在无法解决的缺陷，只有通过"看得见的手"予以纠正才能改善。

6.2.1.2　经济负外部性的国家治理

经济外部性是指在社会经济活动中，一个经济主体（国家、企业或个人）的行为直接影响到另一个相应的经济主体，却没有支付相应成本或得到相应补偿，就出现了外部性。经济外部性亦称外部成本、外部效应或溢出效应。外部性可能是正面的，也可能是负面的。

负外部性是指一个人的行为或企业的行为影响了其他人或企业，使之支付了额外的成本费用。经济活动负外部性是市场无法通过内部资源配置来实现社会效益的最优状态，是典型的"市场失灵"表现。对市场失灵的纠偏恰好也是政府治理职能的体现。通常政府应该承担起调整经济活动负外部性的重任，通过相应的制度安排让负外部性进行内部化，使经济主体活动所产生的社会收益或社会成本转为私人收益或私人成本，在某种意义上实现原来并不存在的货币转让。

6.2.1.3 新公共行政与政府再造理论

第二次世界大战以后，受国家干预、福利国家观点以及计划经济的影响，政府职能急剧扩张，政府角色不断膨胀。政府虽然管的事情很多，但是社会问题却仍然层出不穷，因而引发了人民对政府治理能力的怀疑，也就是所谓的"政府失灵"问题。20 世纪 90 年代，新型政府职能理论逐步形成。具有代表性的"新公共行政""政府再造"等思潮，要求政府把公共事务特别是把公共物品和公共服务交由市场主体运作，加强与私营部门的合作，把企业精神和组织文化注入政府组织以提高政府部门的竞争力，使政府以最好的品质服务民众。

6.2.2 政府在城市物流共享配送平台建设中的引导和推动作用

6.2.2.1 城市物流共享配送平台的公共服务性

城市物流共享配送平台可以被看作一种公共服务，类似于水电、煤气、公交、暖气等公共设施和服务。随着电子商务的快速发展，市民通过网络购买生活所需将会成为常态，市民对城市物流的需求越来越大，城市物流服务成为现代城市不可或缺的一部分。

通过城市物流共享配送平台，市民可以方便地购买所需的商品，并享受快速、高效的配送服务。这种公共服务不仅方便了市民的日常生活，还促进了城市经济的发展和消费的繁荣。

城市物流共享配送平台的公共服务性还体现在以下几个方面：

（1）公平性和普惠性

城市物流共享配送平台为所有市民提供服务，不论其身份、地区和购买力。所有市民都可以享受到同样的物流服务，确保公平性和普惠性。

（2）可及性和可持续性

城市物流共享配送平台提供便捷的配送服务，使市民能够轻松获得所需商品，不受时间和地点的限制。同时，共享配送模式也有助于减少物流车辆和运输路程，降低碳排放，提高可持续性。

（3）促进城市发展

城市物流共享配送平台的发展与城市的商业发展和经济繁荣密切相关。通过提供高效的物流服务，平台可以吸引更多的商家和消费者，进一步推动城市的发展。

6.2.2.2　城市物流共享配送平台的外部性

传统的城市配送是负外部性的。不同物流快递公司各自展开仓储、分拣、配送、分发，配送路线重复，造成城市交通拥堵，碳排放增加，环境污染严重，经济发展受阻，而城市物流共享配送平台所提供的公共服务是正外部性的，其影响主要有以下几个方面：

（1）环境影响

城市物流共享配送平台通过优化配送路线和减少运输车辆的数量，可以缓解交通拥堵和减少道路磨损，从而降低环境污染和碳排放。这对于改善城市空气质量和气候变化有积极影响。

（2）交通影响

城市物流共享配送平台的运营可能会对城市交通产生影响。合并多个商家的货物进行配送，可以减少运输车辆的数量，缓解交通拥堵，提高交通效率。这对于改善交通流量和减少交通事故有积极影响。

（3）经济影响

城市物流共享配送平台的发展可以促进城市经济的发展。通过提供高效的物流服务，平台可以吸引更多的商家和消费者，促进商业活动和消费的繁荣，从而带动城市的经济增长。

需要注意的是，城市物流共享配送平台具有正面的外部性。因此，在发展城市物流共享配送平台时，需要综合考虑其外部性，并采取相应的管理和政策措施，以最大限度地促进其正面外部性的发展。

6.2.2.3 城市物流共享配送平台的政府治理理念

从前文可知，城市物流共享配送平台具有公共服务的性质，同时具备正面的外部性，因此，需要充分运用政府再造理论，把城市物流共享配送平台交由市场主体运作。同时，需要加强与私营企业的合作，像对待公交公司那样，通过与企业的合作，把企业精神和组织文化引入共享平台，并通过政府补贴企业、企业服务民众，确保其合规、公平和可持续的发展。以下是一些与城市物流共享配送平台相关的政府治理理念：

（1）规范和监管

政府应制定相关的法律法规和规范，确保城市物流共享配送平台的运营符合法律要求，并保护消费者权益。政府还应加强监管，监督平台的运营情况，以防出现不正当竞争、垄断行为和其他违规行为。

（2）促进创新和竞争

政府应提供支持和鼓励，促进城市物流共享配送平台的创新发展。政府可以通过设立创新基金、提供税收优惠等措施，鼓励企业加大技术研发投入、提升服务质量。政府还应确保市场竞争的公平性，打击不正当竞争行为，维护市场秩序。

（3）数据共享和隐私保护

政府可以推动城市物流共享配送平台的数据共享，促进信息流动和资源共享。同时，政府也要重视个人隐私保护，确保平台不滥用个人数据，并建立相应的数据安全和隐私保护机制。

（4）培训和人才支持

政府可以提供培训计划和人才支持，提升城市物流共享配送平台从业人员的专业素质和技能水平。政府还可以与高校和培训机构合作，培养相关人才，推动该领域的发展。

（5）可持续发展

政府应推动城市物流共享配送平台的可持续发展。政府可以制定环境保护政策和标准，鼓励平台采取低碳配送和绿色物流技术，减少对环境的影响。政府还可以支持可持续物流的研究和创新，推动城市物流的绿色转型。

6.2.2.4　城市物流共享配送平台的政府治理结构

城市物流共享配送平台的政府治理结构是当地城市政府管理部门主导建设和运营，引入快递、仓储、运输等物流企业以及制造商、批发商、零售商等工商企业的资本，辅以监管监督机构，共同构成平台构建要素。

（1）政府部门

政府部门在城市物流共享配送平台的治理中起着核心作用和主导作用，负责政策支持和激励措施的设计与优化，即负责制定相关政策和法规，监管平台的运营，保障市场公平竞争，保护消费者权益以及推动可持续发展等。

（2）监管机构

政府可以设立专门的监管机构或部门，负责对城市物流共享配送平台进行监督和管理。监管机构可以制定并执行监管规定，检查平台的合规性，处理投诉和纠纷，并对违规行为进行处罚。

（3）行业协会

政府可以促成行业协会的建立，行业协会由平台运营商和相关企业组成。行业协会可以起到自律和自我管理的作用，同时可以制定行业准则和标准，推动行业发展，协调各方利益，促进信息共享和合作。

（4）数据监管机构

由于城市物流共享配送平台涉及大量的个人和商业数据，政府可以设立专门的数据监管机构，负责监督和管理平台的数据收集、存储和使用。该机构可以确保数据安全和隐私保护，并监督平台是否合规。

（5）社会参与

政府可以鼓励社会各界的参与和监督，包括消费者、企业、学术界和非营利组织等。通过公众参与，政府可以更好地了解社会需求和意见，制定更具针对性和可行性的政策和措施。

以上是城市物流共享配送平台的政府治理结构的一些要素。重点是确保政府在规范、监管和促进可持续发展等方面发挥积极的作用，保障平台的合规性和公共利益的实现。

6.2.2.5　城市物流共享配送平台的政府运作方式

关于城市物流共享配送平台的政府运作方式，采用公司化运营模式是一种常见的做法。这种模式下，政府可以成立一家独立的公司来运营和管理城市物流共享配送平台，该公司可以由政府部分持有，并由政府控制，部分资本可以在不同的企业间募集。采用公司化运营模式有以下优势：

（1）独立性

成立独立的公司可以使城市物流共享配送平台的运营与政府机构相分离，从而提高运营的灵活性和效率。一些人认为，由多个快递公司合资建设配送公司很不妥，因为这样做很容易使配送信息外泄。但是，其独立于其他公司，特别是独立于任何快递公司，所以可以避免配送信息秘密外泄。

（2）专业化管理

公司有快递、仓储、运输等物流公司的投资，这些公司都是专业做物流的。同时，公司化运营模式可以吸引专业的管理人才和技术团队，有助于平台提供高质量的服务、进行有效的管理。

（3）市场导向

作为一家独立的公司，城市物流共享配送平台可以更好地与市场对接，根据市场需求进行运营策略调整和业务拓展，提高公司的经营水平。同时，公司在经营中出现的亏损是由城市环保、交通通畅等经济的正外部性带来的，所以政府补贴企业是必然的。

（4）资金独立

公司化运营可以通过多种方式融资，如政府投资、资本市场融资等，有助于降低政府财政压力，使其提供稳定的资金支持。

（5）责任明确

公司化运营有明确的经营目标和责任，能够使平台更好地履行职责，提供高质量的服务，并承担相应的风险和责任。

尽管采用公司化运营模式有一些优势，但也需要注意以下问题：

①监管机制。政府需要建立有效的监管机制，确保公司运营符合法律法规，保护消费者权益，防止不正当竞争和垄断行为。

②公平竞争。政府需要确保公司化运营模式不会对市场竞争产生不良影响，保持公平竞争环境。

③信息公开。政府需要确保公司运营的透明度和信息公开，及时向公众披露运营情况和重要决策。

总之，采用公司化运营模式可以提高城市物流共享配送平台的运营效率和运营水平，但也需要政府建立有效的监管机制和保障措施，以确保公共利益的实现。

6.3 城市物流共享配送平台的企业参与和合作机制

6.3.1 快递公司与政府合作的机制和模式

快递公司与政府合作的机制和模式可以是多种多样的，具体取决于各地的实际情况和政策要求。以下是一些常见的合作机制和模式：

（1）投资合作

快递公司可以作为投资者之一，与政府共同投资建设城市物流共享配送平台。在这种模式下，快递公司可以通过资金投入支持平台的建设和发展，并在平台运营中发挥重要作用。即便如此，为了保持城市物流共享配送平台的独立性，需要保证政府的绝对控制权。

（2）股权合作

快递公司可以与政府共同持有城市物流共享配送平台的股权。政府作为最大股东，对平台的管理和运营具有控制权，而快递公司作为股东之一，只参与分红，不可以参与平台的决策和管理。

（3）专业性参与

快递公司可以以其专业性和经验参与城市物流共享配送平台的建设和运营，通过提供物流技术、运营经验、配送网络等方面的支持，共同推动平台的发展。但快递公司在运营中不能接触公司的秘密。

（4）政策支持

政府可以出台相关政策和措施，支持和鼓励快递公司参与城市物流共享配送平台的建设和运营。政府可以提供财政支持、税收优惠、市场准入便利等方面的支持，以促进快递公司的参与和发展。

在快递公司与政府合作的过程中，需要注意以下问题：

①利益平衡。政府和快递公司在合作中需要协商和平衡各自的利益，确保合作关系的公平性和可持续性。

②监督管理。政府需要建立有效的监督和管理机制，确保合作项目的合规性和公共利益的实现。

③信息共享。政府和快递公司需要建立信息共享机制，促进双方在平台建设和运营中的信息交流和合作。

总之，快递公司与政府的合作可以采用投资合作、股权合作、专业性参与和政策支持等多种机制和模式。合作过程中需要注意利益平衡、监督管理和信息共享等问题，以实现合作项目的共赢和可持续发展。

6.3.2 各利益相关方的合作与协同机制

各利益相关方之间的合作与协同机制涵盖供应链整合、数据共享与分析、资源共享与合作、技术创新与合作、政府支持与合作以及非政府组织参与等方面。合作与协同可以提高物流效率、降低成本、改善服务质量，并推动物流行业的可持续发展。以下介绍一些常见的合作与协同机制：

（1）供应链整合

物流企业、供应商、零售商和制造企业可以通过供应链整合来实现协同效应。它们可以共享信息、优化物流流程、协调库存和管理订单，以提高整个供应链的效率和可靠性。

（2）数据共享与分析

各利益相关方可以分享数据并进行分析，以改善物流规划和决策。通过共享物流数据，平台可以实现更准确的需求预测、路径优化和资源调配，从而提高配送效率和减少运输成本。

（3）资源共享与合作

各利益相关方可以共享物流资源，如仓储设施、运输车辆等。它们可以建立共享平台，共同利用闲置资源，从而提高资源利用率，降低成本。

（4）技术创新与合作

各利益相关方可以共同进行技术创新和研发合作，推动物流行业的数字化和智能化发展。它们可以共同探索新的物流技术和解决方案，以提高物流效率和服务质量。

（5）政府支持与合作

政府作为重要的利益相关方，可以提供政策支持、发挥协调作用，促进各利益相关方的合作与协同。政府可以出台相关政策和法规，提供财政支持和减税优惠，协调各方的利益，推动物流行业的可持续发展。

（6）非政府组织参与

非政府组织可以作为中立的第三方参与各利益相关方的合作与协同。它们可以提供咨询和培训服务，促进信息共享和合作，推动可持续发展目标的实现。

6.4　城市物流共享配送平台的推广路径和运营策略

6.4.1　推广城市物流共享配送平台的路径和步骤

推广城市物流共享配送平台需要经过城市试点、经验总结、成立公司、合作伙伴招募、平台建设、平台改进、横向推广等路径和步骤。

（1）城市试点

在全国选择多个具备条件和潜力的城市进行试点。在试点城市中建立城市物流共享配送平台，并进行试运营和测试，以此验证平台的可行性和有效性。

（2）经验总结

在试点城市中积累经验，并进行总结和评估，了解试点过程中的问题和挑战，总结成功经验和教训，可以为后续的推广提供借鉴和参考。

（3）成立公司

根据试点结果，由政府投入资金，在新的城市中成立专门的公司或组织，负责城市物流共享配送平台的运营和推广。公司可以负责平台建设、合作伙伴招募、市场推广等工作。

（4）合作伙伴招募

公司与物流企业、供应商、零售商等利益相关方合作，招募合作伙伴参与平台建设和运营，共同推广城市物流共享配送平台，以扩大平台的影响力和服务范围。

（5）平台建设

在新的城市中建设城市物流共享配送平台，配备配送中心、配送车辆、小区无人值守驿站等硬件设施，以及物流信息系统、仓储管理系统、配送系统系统、分拣系统等软件系统，以确保平台具备基本的服务功能。

（6）平台改进

根据试点经验和用户反馈，不断改进和优化平台。通过用户调研、数据分析和了解市场需求，对平台功能进行升级和改良，以提升用户的体验感和满意度。

（7）横向推广

通过典型经验学习、用户培训和支持服务，在其他城市中推广城市物流共享配送平台。同时，把优秀城市的成功经验向外宣传，扩大平台的覆盖范围。

通过以上路径和步骤，城市物流共享配送平台可以逐步扩大覆盖面，从试点城市到更多的城市，不断积累经验和优化平台，吸引更多的合作伙伴和用户参与并使用。同时，需要注意与合作伙伴建立良好的合作关系，并适应市场的需求，持续推广和发展平台。

6.4.2　运营城市物流共享配送平台的策略和方法

建成城市物流共享配送平台后，可以考虑通过以下策略和方法来推动平台的运营和发展：

（1）用户拓展策略

①增加用户注册和使用平台的便利性，如简化注册流程、提供多种支付方式等。

②通过用户推荐计划、优惠活动等方式吸引更多用户加入平台。

③与相关行业合作，如电商平台、餐饮业等，通过建立合作关系，扩

大用户群体。

（2）合作伙伴拓展策略

①招募更多的物流公司、零售商、供应商等合作伙伴，扩大平台的服务网络，丰富平台的资源。

②与合作伙伴建立长期稳定的合作关系，促进共同发展，提升服务水平。

③针对不同区域或行业的特点，制定个性化的合作方案，满足各方的需求。

（3）运营优化策略

①利用大数据分析平台数据，了解用户需求和行为，优化平台的功能和服务，提升用户体验感和满意度。

②采用智能化的物流管理系统，实时跟踪和管理配送过程，提高配送效率和准确性。

③针对特定时间段或区域，制定灵活的配送策略，以应对高峰时段和特殊情况。

（4）市场推广策略

①运用线上和线下的多种渠道进行市场推广，如社交媒体、广告、参加行业展览等。

②与媒体合作，提升品牌知名度和形象，增加公众对平台的认可度。

③通过举办推广活动、赞助社区活动等方式，增加与用户的互动。

（5）政策与法规合规策略

①了解并遵守相关的政府政策和法规，确保平台的合规运营。

②积极参与相关政府部门的讨论和规划，争取政策支持和资源倾斜。

③与政府部门建立沟通渠道，及时了解政策动态和变化，做好相应调整。

通过以上策略和方法的实施，城市物流共享配送平台可以提高用户活跃度和参与度，拓展合作伙伴网络，优化运营效率，增加市场份额，并与政府保持良好的合作关系，促进平台的长期稳定发展。

6.5 本章小结

本章主要介绍了城市物流共享配送平台的发展与实践。首先,通过对国内外共同配送的典型案例进行分析,我们了解到了国外和国内的典型案例以及这些案例带来的启示。其次,我们探讨了城市物流共享配送平台建设中政府的角色,包括政府治理的相关理论和政府在平台建设中的引导和推动作用。再次,我们阐述了城市物流共享配送平台的企业参与和合作机制,包括快递公司与政府合作的机制和模式,以及各利益相关方的合作与协同机制。最后,我们讨论了推广和运营城市物流共享配送平台的路径与策略,包括推广的路径和步骤以及运营的策略和方法。

在本章中,我们了解到政府、企业和各利益相关方在平台建设中的角色和合作机制。同时,我们也获得了推广和运营城市物流共享配送平台的具体路径和策略。这些内容对于促进城市物流的高效、环保和可持续发展具有重要意义。

7 城市物流共享配送平台的挑战与对策

城市物流共享配送平台作为现代物流行业的重要创新模式，为城市物流配送提供了全新的解决方案，然而在其发展过程中，也面临着诸多挑战。在这个信息时代，城市物流配送面临着参与和沟通、土地和资源、资金和投资、规划和设计、管理和运营、人才和技术、数据安全和隐私保护、环境保护和可持续发展等多方面的挑战。

面对这些挑战，政府、企业和社会各界需要携手合作，共同促进城市物流共享配送平台的发展，推动物流行业的转型升级，实现城市物流配送的高效、绿色和可持续发展。只有通过全社会的共同努力，才能够战胜种种挑战，推动城市物流共享配送平台行业的持续发展，从而更好地满足城市居民和企业的物流配送需求。

7.1 城市物流共享配送平台面临的挑战

7.1.1 参与和沟通

城市物流共享配送平台面临的挑战之一是参与和沟通不足，这可能涉及以下几个方面：

（1）政府部门的参与和支持

城市物流共享配送涉及城市规划、交通管理等方面的政策和法规，需要政府部门的参与和支持。然而，由于城市物流共享配送是一种相对新型的物流模式，政府部门对其认知和了解可能不足，缺乏相应的政策和支持措施。

（2）物流企业和商业企业的参与和合作

城市物流共享配送平台需要与物流企业和商业企业进行合作，共同推动配送服务的提供。然而，由于城市物流共享配送是一种新兴的配送模式，很多企业对其了解不足，缺乏参与的意愿和合作的准备。

（3）公众的认知和接受度

城市物流共享配送是一种新的物流模式，公众对其了解不足且接受度可能不高。公众对于共享配送的概念、运作方式和效果可能存在疑虑和误解，缺乏参与和支持的意愿。

由于参与和沟通不足，可能导致以下一些问题：

（1）缺乏政策支持和法规依据

政府部门对城市物流共享配送的政策支持和相关的法规依据不足，导致平台的合规性和可持续发展受到影响。

（2）缺乏合作伙伴和资源

物流企业和商业企业对共享配送的了解不足，可能缺乏参与和合作的意愿，导致平台缺乏合作伙伴和资源支持。

（3）用户认知不足且信任度不高

公众对于共享配送的认知不足且信任度不高，可能对平台的服务质量和安全性存在疑虑，这会影响用户的参与和使用意愿，同时，政府投资平台建设也会失去群众基础。

7.1.2　土地和资源

城市物流共享配送平台面临土地和资源方面的挑战，具体表现在以下几个方面：

（1）土地紧缺

城市土地有限，城市建设、社会发展和经济活动都需要土地资源。建设一个大面积的城市物流共享配送平台需要占用相应的土地，但土地紧缺可能导致寻找合适的用地面临困难。

（2）土地利用竞争

城市土地面临多种需求的竞争，包括住宅建设、商业用地、工业用地等。在这种竞争中，城市物流共享配送平台可能很难获得足够的土地资源，这限制了其规模和发展。

（3）土地适配性

寻找合适的土地用于建设城市物流共享配送平台需要考虑土地的位置、交通接入、周边环境等因素，不同地区的土地适配性存在差异，有些区域可能适合建设城市物流配送中心，而有些区域则不太适合。

（4）环境保护和土地利用效率

建设城市物流共享配送平台需要考虑环境保护和土地利用效率。在土地资源有限的情况下，需要平衡不同用地需求之间的竞争，同时确保土地利用的有效性和可持续性。

7.1.3　资金和投资

城市物流共享配送平台面临资金和投资方面的挑战，具体表现在以下几个方面：

（1）财政资金难以筹集

一方面，建设一个城市物流共享配送平台需要大量的财政资金投入，包括基础设施建设、信息技术建设、配送车辆等方面的投资。然而，一些地方政府可能难以筹集到足够的资金来支持这个项目。另一方面，政府会担心干预过多造成市场扭曲，所以如何把握自己在城市共配中的角色，做到既不缺位又不越位，对政府来说比较困难，因此政府投资与否、投多少资都需要仔细权衡。

（2）企业投资意愿不足

近年来大家普遍看好城市共配，但"雷声大，雨点小"，物流企业和工商企业对城市物流共享配送平台的投资意愿不足。主要原因是，这个项目社会效益好但盈利模式相对较为复杂，利润回报相对较低，企业可能对投资回报的风险存在疑虑。另外，如果多个物流企业共同投资城市共配，则因失去中立地位而出现内部消耗，使得物流信息安全没有保证，所以物流企业的投资意愿不足。

（3）投融资渠道狭窄

建设和维护城市物流共享配送平台需要大量的资金投入，面对资金不足、投资回报周期长等问题，需要寻找合适的融资渠道，如政府拨款、合作开发等。但是，平台的社会效益与经济效益不平衡。平台在提供便利和效率的同时，可以缓解交通拥堵、减少环境污染等，具有较高的社会效益。然而，由于其盈利相对较低，经济效益不高，这可能影响到其他投融资渠道对其的兴趣。

7.1.4 规划和设计

城市物流共享配送平台面临规划和设计方面的挑战，具体表现在以下几个方面：

（1）可持续性

在规划和设计城市物流共享配送平台的阶段就需要充分考虑可持续性因素，包括减少能源消耗、减少环境污染、促进循环经济等，并采取相应的措施和技术，确保平台的可持续发展。

（2）安全性

城市物流共享配送平台的规划和设计需要注重安全性，包括交通安全、设施安全等方面。特别是在车辆和货物的运输过程中，需要确保安全措施得到有效实施，降低事故和损失发生的可能性。

（3）便捷性

城市物流共享配送平台需要提供便捷的服务，使用户能够方便地使用和享受物流配送服务。在规划和设计阶段，需要考虑到用户的需求和行为习惯，设计合理的设施布局和服务流程，从而提高服务效率，提升用户体验感。

（4）城市规划协调性

城市物流共享配送平台的规划和设计需要与城市整体规划协调一致。考虑到城市的发展方向和整体布局，确保物流配送设施与城市其他功能区域的协调性和整体性，需要与城市规划部门和相关部门进行充分的沟通和协调。

7.1.5　管理和运营

城市物流共享配送平台面临管理和运营方面的挑战，具体表现在以下几个方面：

（1）设施维护

城市物流共享配送平台的设施包括配送中心、仓库、车辆、驿站等，需要对其进行定期的维护和保养，以确保设施的正常运行和安全性。设施维护需要投入一定的人力和物力资源，并建立一套有效的维护管理机制。

（2）设备更新

物流配送行业的技术和设备在不断更新换代，为了提高效率和服务质量，城市物流共享配送平台需要及时更新和升级设备。这涉及设备的购置和更新投资，以及与供应商的合作和技术支持。

（3）人员管理

城市物流共享配送平台需要合适的人员进行管理和运营，这涉及人员招聘、培训、考核和奖惩等方面。同时，还需要建立相应的组织架构和管理制度，确保人员的协同工作和平台的高效运营。

（4）安全管理

在物流配送过程中，安全管理是一个重要的挑战。城市物流共享配送平台需要建立完善的安全管理制度和措施，预防事故和损失的发生，这涉及车辆管理、货物保护、交通安全等方面。

（5）监督管理

在管理公共设施的过程中，存在滋生腐败和出现不正当行为的风险，这可能涉及财务管理、采购、人事等方面。腐败行为不仅会导致资源浪费、效率低下、服务质量下降等问题，严重的还会影响到城市物流共享配送平台的可持续发展。

7.1.6　人才和技术

城市物流共享配送平台面临人才和技术方面的挑战，具体表现在以下几个方面：

（1）人才短缺

共享配送是新兴事物，物流公司的相关管理经验和专业管理人才可能存在短缺，这可能导致管理上出现困难和问题。

（2）技术人才缺乏

共配体系需要依托物联网、大数据、云计算、人工智能、增强现实、虚拟现实等技术的支持，而这些技术方面的人才可能相对稀缺，从而导致技术应用和创新方面出现困难。

（3）技术支持不足

共配体系需要大数据、云计算、人工智能、AR、VR 等技术的支撑，以实现流程的自动化和智能化。然而，技术支持的不足将导致共配体系的运行和发展受到限制。

（4）技术调试和磨合难度

共配体系的技术应用需要经过长期的调试和磨合，可能面临技术不成熟、不稳定的问题。这可能导致共配体系在实际运行中出现技术问题，影响服务质量和效率。

7.1.7 数据安全和隐私保护

对于城市物流共享配送平台来说，确保数据安全和隐私保护是至关重要的挑战之一，具体表现在以下几个方面：

（1）平台在分拣、配送、分发过程中都会采集大量的物流信息，这些信息很容易被泄露

平台接收到的海量信息中，不管是客户包裹上的个人信息，还是物流公司的运作数据，都是非常重要的，当这些信息被平台采集后，如何防止信息被他人窃取是一个巨大的挑战，常用的制度设计是信息的分级管理和分散存储，每一条信息都分开存储在不同的地址可以大大减少数据库的失窃情况。同样，严格的分级管理可以大大减少因人员操作不当而造成信息泄露的情况。

（2）平台有不同的合作伙伴企业参与到经营中，增加了信息外泄的风险

比如，不同的物流公司有可能参与到平台的经营业务中，而不同的快递公司是有竞争关系的，互相之间的商业机密如有泄露可能直接导致城市共配联盟的瓦解。这就需要防止平台被个别物流快递公司操控，要保持共配中心经营管理者的独立身份，保持政府资本的绝对占优，让政府从全局上控制、管理平台的经营，由中立的第三方运营及管理数据，允许快递公司参股共配中心，但是每一个快递公司对数据的掌控仅限于自己公司的数据。

（3）平台的信息安全监督机制不健全，增加了信息外泄的风险

首先，平台需要建立严格的数据安全管理体系，采取加密、权限控制等技术手段，确保平台数据不能被未经授权的人访问，并保证其使用安全。其次，对配送轨迹等敏感数据需要进行适当的匿名化处理，以保护用户隐私。再次，平台需要建立健全的用户数据保护政策和隐私条款，并严格执行，确保用户个人信息不被滥用或泄露。最后，平台需要定期进行安全审计和漏洞扫描，及时发现和解决潜在的安全风险。在技术、法律和管理等方面全面提升数据安全和隐私保护水平，是城市物流共享配送平台必须应对的挑战。

7.1.8 环境保护和可持续发展

城市物流共享配送平台在环境保护和可持续发展方面面临诸多挑战，特别是在城市物流配送领域。一方面，城市物流配送会造成交通拥堵、尾气排放等，给城市环境和居民生活带来负面影响；另一方面，现有的物流配送模式往往因高排放和低效率影响到平台的可持续发展。具体表现在以下几个方面：

（1）尾气排放和空气污染

因为物流配送车辆数量多，行驶频繁，这些车辆的尾气排放会给城市空气质量带来负面影响，加剧空气污染问题。为了减少这一影响，城市物流共享配送平台需要认真选用配送车辆，优化配送线路，采用清洁燃料和低排放技术等，以便改善城市空气质量。

（2）交通拥堵和道路安全

大量的物流配送车辆会加剧道路交通拥堵，影响城市交通效率和居民出行。在缓解交通拥堵、优化配送路线、合理规划配送时间、推广智能交通管理系统、保障道路安全等方面，城市物流共享配送平台存在诸多挑战。此外，大量的物流车辆也会增加发生道路交通事故的风险，对道路安全构成威胁。

（3）噪声污染影响居民生活质量

首先，由于自动化分拣线日夜不停地运转，仓储入库、出库频繁，分拣配送中心可能会产生噪声污染。其次，配送环节大量的物流车辆往来会增加城市的交通噪声，影响周边居民的生活。最后，小区驿站接收包裹、开箱收货等环节也会产生不少噪声污染。因此，配送企业可以采取何种措施降低车辆和设备的噪声、合理规划配送路线避开居民密集区等尤为重要。

（4）包装浪费导致环境压力增加

大量的包裹需要使用包装材料，如果包装设计不合理或者过度包装，会导致包装浪费并增加环境压力。因此，平台需要通过推广可循环利用的包装材料、减少包装使用、使用环保材料包装、倡导包裹再利用和回收等举措，推动可持续的物流包装发展，以减轻环境压力。

（5）能源消耗和碳排放

2020年9月，习近平主席在第七十五届联合国大会上郑重宣布"碳达峰、碳中和"的愿景。对于城市物流共享配送平台来说，实现碳达标和碳中和是至关重要的，它是公共设施应尽的义务。为了减少能源消耗和碳排放，平台必须采取一些可持续发展的举措，如使用电动车或者混合动力车辆配送，减少对化石燃料的依赖，从而降低碳排放。

（6）可持续能源和清洁技术的应用

应用可持续能源和清洁技术可以减少对环境的负面影响，包括降低温室气体排放、减少污染物排放等。清洁技术指的是在生产、交通、建筑等领域采用的能减少对环境影响的技术，这些技术的应用有助于降低对环境的负面影响，促进可持续发展。城市物流共享配送平台作为公共事业，应当采用可持续能源和清洁技术，但采用可持续能源和清洁技术需要投入大量成本，一些清洁技术和可持续能源技术在技术成熟度上还存在一定的不足，在一些地区还没有得到足够的市场认可度，用户对这些技术的使用存在疑虑，同时还没有建立完善的管理和监管政策来支持可持续能源和清洁技术的应用，这可能会限制城市物流共享配送平台推广和应用这些技术。

（7）企业社会责任和公众意识的提升

首先，公众对于环境保护和可持续发展的意识不足，可能会减少其对于城市物流共享配送平台提倡的环保理念的认同和支持。其次，在物流行业中，尤其是在城市物流领域，一些企业可能存在社会责任感不强的问题，导致其在提供服务时忽视环境保护、减少污染等方面的责任。再次，共享经济模式相对传统模式较为新颖，一些公众对于共享经济的理解和认同程度可能较低，这会影响城市物流共享配送平台的推广和应用。最后，新的物流共享模式会改变人们传统的购物和配送方式，公众需要一定的时间和过程来接受。因此，城市物流共享配送平台在推动企业社会责任和公众意识的提升方面存在不小的挑战。

7.2 提升城市物流共享配送平台效能的对策与建议

7.2.1 做好试点推广，加强宣传教育

城市物流共享配送平台需要在一些中小城市进行试点运行，通过试运行获取经验后再进行大面积推广。这是因为配送中心的建设规划，自动化仓储、自动分拣线等设备的参数，信息系统的设计，配送车辆的订制，小区无人值守驿站的设计等都需要测试数据。同时，试点城市还是一个宣传窗口，可以让政府机构、物流企业、工商企业、社会公众为城市物流共享配送平台做宣传。选择中小城市是因为这些城市的物流快递企业普遍没有自动化分拣设备，快递业相对落后，城市物流共享配送平台的自动化分拣对它们来说具有吸引力，这可以减少平台运行的阻力。同时，中小城市建设公共的城市共配平台的投资不高，可以用较小的投入进行试点。

针对政府与公众对城市共配的认识不足的情况，可以通过研讨会、专案研究、座谈会等方式进行宣传。在做好试点运行后，加强宣传教育对城市物流共享配送平台的推广和普及也起着至关重要的作用。具体的宣传教育措施有以下几个：

（1）研讨会和专案研究

在试点城市举办城市物流共享配送平台的研讨会和专案研究活动，邀请相关专家学者和行业领军人物，就该平台的优势、可行性和推广策略进行深入探讨，以提升社会各界对该平台的认知和理解。

（2）座谈会和宣讲活动

在试点城市组织座谈会和宣讲活动，邀请政府代表、企业代表和市民代表等，就城市物流共享配送平台在智慧城市建设中的重要性进行交流和宣讲，以增强公众对共享配送概念的认知，并推动共配观念的传播。

（3）媒体宣传和广告推广

在试点城市利用各类媒体平台，如电视、广播、网络、报纸等，进行城市物流共享配送平台的宣传报道和广告推广，向公众介绍该平台的特点、优势和推广计划，以增加市民对城市物流共享配送平台的了解和关注。

（4）教育培训和示范推广

在试点城市开展相关培训课程和示范推广活动，向物流从业人员和市民普及城市共享配送的相关知识和技术，引导他们积极参与城市物流共享配送平台的建设和运营。

以上宣传教育措施可以提高社会各界对城市物流共享配送平台的认知度和接受程度，进一步推动平台在中小城市的试点推广和普及，促进城市物流配送行业的转型升级，实现高效、环保和可持续的发展目标。

7.2.2 合理规划用地，合作共享资源

合理规划用地和合作共享资源对于城市物流共享配送平台的重要性表现在以下两个方面：

首先，对于合理规划用地，城市物流共享配送平台需要充分考虑城市的地理特点、交通状况和人口密集度等因素，以便在城市内选择合适的地点建设物流中心和配送站点。合理规划用地能够提高物流配送的效率，缓解交通拥堵，降低物流成本，从而为城市居民和企业提供更加便捷的物流服务。

其次，合作共享资源也是城市物流共享配送平台发展的关键。物流企业可以通过共享配送中心、仓储设施、运输车辆等资源，实现资源的最大化利用和成本的最小化，从而提高运营效率和服务质量。同时，与城市规划部门、交通管理部门、物流企业和其他利益相关者进行合作，可以共同解决用地、交通管理和资源利用等方面的问题，推动城市物流共享配送平台的健康发展。

在实际操作中，可以通过以下措施来实现合理规划用地和合作共享资源：

（1）制定城市物流发展规划

制定城市物流发展规划可以实现合理规划物流用地，明确分拣中心、智能仓、信息中心、控制中心、行政中心和无人值守小区驿站的布局和规划，以确保物流设施的合理分布和高效利用。

（2）建立城市物流共享配送平台信息系统

建立城市物流共享配送平台信息系统可以整合各类物流信息资源，实现物流信息共享、资源共享和服务共享，从而提高物流运营效率和服务水平。

（3）推动政府与企业合作

政府部门与物流企业合作可以提高物流规划的专业性。政府与企业共同制定物流用地规划和资源共享政策，可以推动物流企业实现在城市内合理规划用地，共享物流资源，提高城市物流配送效率。

合理规划用地和合作共享资源可以有效提升城市物流配送的效率和质量，推动城市物流行业的可持续发展，促进物流企业为城市居民和企业提供更加便捷、高效的物流服务。

7.2.3 政府主导投资，联合共建平台

政府主导投资、联合共建平台是推动城市物流共享配送平台发展的重要举措。政府主导投资可以带动城市物流共享配送平台的建设和发展，而联合共建平台则需要政府、物流企业、科研机构和社会各界共同参与和合作，以实现资源共享、信息共享和服务共享。

首先，政府主导投资意味着政府可以通过拨款、补贴、政策扶持等方式，为城市物流共享配送平台的建设和发展提供资金和政策支持，从而保障配送平台经营的公共性、公益性、公平性，促进平台的健康发展。政府还可以通过规划物流用地、完善基础设施建设、优化交通管理和配送网络，为平台的建设和运营提供有力支持。

其次，联合共建平台需要政府、物流企业、科研机构和社会各界的共同参与和合作，以促进配送平台提升在经营中的专业性。政府可以牵头组织物流企业、科研机构和社会组织共同制定城市物流发展规划和政策，推动共享配送中心、仓储设施和配送站点的建设和运营，从而实现资源共享、信息共享和服务共享。

在实际操作中，可以通过以下措施来推动政府主导投资和联合共建平台：

（1）制定政策法规

政府可以制定相关政策法规，鼓励和支持城市物流共享配送平台的建设和发展，通过资金补贴、税收优惠、用地政策等扶持措施，引导物流企业和社会资本参与平台建设。

（2）搭建合作平台

政府可以搭建政府主导的合作平台，邀请物流企业、科研机构和社会组织共同参与城市物流共享配送平台的规划、建设和运营，推动资源共享、信息共享和服务共享。

（3）强化监管和协调

政府可以加强对城市物流共享配送平台的监管和协调，推动政府与企业、社会各界的合作共建，确保平台的健康发展和持续运营。

政府主导投资和联合共建平台可以促进城市物流共享配送平台的健康发展，提高物流配送效率，降低物流成本，推动城市物流行业的转型升级，促进物流企业为城市居民和企业提供更加便捷、高效的物流服务。

7.2.4 加强统筹兼顾，纳入智慧城市建设规划

加强统筹兼顾、纳入智慧城市建设规划是城市物流共享配送平台建设的重要考量。统筹兼顾地将城市物流共享配送平台纳入智慧城市建设的框架中，可以使整个城市的物流系统更加高效、智能化并实现可持续发展。

首先，统筹兼顾规划设计需要考虑到城市的整体物流运作情况，包括货物流动、配送路径、交通拥堵状况等因素。科学的规划设计可以实现城市物流资源的合理配置，提高物流效率，缓解交通拥堵，减少环境污染，促进可持续发展。

其次，纳入智慧城市建设的框架中意味着城市物流共享配送平台需要与城市的信息化基础设施相衔接，利用物联网、大数据、云计算等技术手段，可以实现物流信息的实时监控、数据分析和智能调度，从而提高物流配送的智能化水平，促进物流企业为城市居民和企业提供更加便捷、高效的物流服务。纳入智慧城市建设的框架也可以为配送平台的建设提供更多的政策支持和财政资金支持。

在实际操作中，可以通过以下措施来实现统筹兼顾规划设计、纳入智慧城市建设的目标：

（1）整合城市物流资源

对城市的物流资源进行全面调查和评估，包括配送中心、仓储设施、配送车辆等，以实现资源的整合和共享。

（2）采用智能技术手段

引入物联网、大数据、云计算等智能技术，建设智能物流配送管理系统，可以实现对物流信息的实时监控和智能调度，从而提高物流运营效率。

（3）优化物流配送网络

通过规划设计，城市物流共享配送平台可以优化物流配送网络，提高

配送路径的效率和环保性，缓解交通拥堵和减少碳排放，从而实现智慧城市物流的可持续发展。

通过统筹兼顾规划设计、纳入智慧城市建设的框架，城市物流共享配送平台可以实现与城市信息化建设的有机结合，从而提高城市物流效率，优化城市交通，改善城市环境，助力城市的可持续发展和居民生活质量的提高。

7.2.5　强化科学化管理，坚持公司化经营

强化科学化管理、坚持公司化经营是城市物流共享配送平台建设和运营的重要原则。科学的管理理念和方法可以提高平台的运营效率，而公司化经营能够保持其独立性，从而使其更好地实现资源优化配置、资产价值体现和服务质量提升。

首先，强化科学化管理意味着在平台建设和运营过程中，需要借鉴和应用现代管理理念和方法，包括但不限于质量管理、信息化管理、供应链管理、风险管理等，以提高平台的运营效率和服务质量。科学的管理方法可以帮助平台实现资源的合理配置、风险的有效控制以及服务的持续改进，从而更好地满足城市物流需求。

其次，坚持公司化经营意味着城市物流共享配送平台应当以公司法人的形式独立运营，独立承担经营风险，从而实现平台的自主经营和决策。这种经营模式有利于提高平台的灵活性和市场竞争力，优化经济资源配置，体现资产价值，分解管理责任，提升其服务质量。

在实际操作中，可以通过以下措施实现强化科学化管理、坚持公司化经营的目标：

（1）建立科学化管理体系

引入现代管理理念和方法，建立科学化的管理体系，包括但不限于质量管理体系、信息化管理系统、风险管理机制等，以提高平台的运营效率和服务质量。

（2）建立独立法人实体

将城市物流共享配送平台建设为独立的法人实体，使其具有独立的法

人地位和独立承担责任的能力，从而实现公司化经营，优化平台的内部资源配置和管理。

（3）强化市场化运营

在政府主导下，让城市物流共享配送平台具有独立经营、市场化运作的能力，促使其更好地融入市场竞争，提升服务质量和运营效率。

强化科学化管理、坚持公司化经营可以提高城市物流共享配送平台的运营水平，实现其资源的优化配置和价值的最大化，同时也有利于国有资产的保值增值，从而为城市物流行业的可持续发展提供更好的支持。

7.2.6 培养专业人才，鼓励技术创新

培养专业人才、鼓励技术创新是推动城市物流共享配送平台建设和发展的关键举措。高校培养物流专业人才，企业注重校企合作培养共同配送人才，平台引入自动化设备和智能物流技术，这些举措都可以提高城市物流配送的效率和水平。

首先，培养专业人才意味着高校需要加强对物流专业人才的培养，为城市物流共享配送平台输送高素质的人才。高校应该通过建设物流专业课程、开设相关专业、加强实习实训等方式，培养具备物流管理、供应链管理、配送技术等方面知识和技能的专业人才，以满足城市物流行业的人才需求。

其次，鼓励技术创新意味着企业需要注重引入自动化设备和智能物流技术，提高配送效率。引入自动化设备如自动分拣系统、智能仓储系统、无人机配送等，以及应用智能物流技术如物联网、大数据分析、人工智能等，可以提高配送效率，降低成本，提升服务质量。

在实际操作中，可以通过以下措施来培养专业人才、鼓励技术创新：

（1）加强高校物流专业建设

高校应该加强物流专业的建设，包括课程设置、师资队伍建设、实习实训基地建设等，培养具备物流管理、配送技术等专业知识和技能的人才。

（2）推动校企合作

企业可以与高校建立校企合作机制，共同培养物流专业人才，开展实

践教学、科研合作等，以满足企业对物流人才的需求，促进物流行业的技术创新和发展。

（3）引入自动化设备和智能技术

企业可以积极引入自动化设备和智能物流技术，提高配送效率，降低成本，提升服务质量，推动城市物流配送的智能化和现代化发展。

培养专业人才、鼓励技术创新可以为城市物流共享配送平台的发展提供人才支持和技术支持，从而推动城市物流行业的转型升级，提高物流效率，促进物流平台为城市居民和企业提供更加便捷、高效的物流服务。

7.2.7 加强数据管理，保护用户隐私

加强数据管理、保护用户隐私是在建设和运营城市物流共享配送平台的过程中非常重要的一环。在数字化时代，物流平台要处理大量用户数据，因此需要采取措施来确保数据的安全和保护用户的隐私。

首先，加强数据管理意味着建立严格的数据管理制度和流程。这包括确保数据的完整性、保密性和可用性，以及规范数据的采集、存储、处理和传输。管理人员需要对数据进行分类和标记，确保不同级别的数据得到适当的保护和控制。

其次，保护用户隐私是非常重要的。物流平台需要遵守与隐私相关的法律法规，并建立隐私政策，明确告知用户他们的个人数据将如何被使用和保护。平台需要获得用户的明确同意，才能收集和使用他们的个人数据。此外，平台需要采取技术手段来确保用户数据的安全，比如加密、匿名化等。

在实际操作中，可以通过以下措施来加强数据管理、保护用户隐私：

（1）建立健全的数据管理制度

制定详细的数据管理政策和流程，确保数据的安全和合规管理，包括数据采集、存储、处理和销毁等各个环节。

（2）加强技术保障措施

采用数据加密、身份验证、访问控制等技术手段来保护用户数据，防止未经授权的访问和使用。

（3）定期进行安全审计和风险评估

对数据管理系统进行定期的安全审计和风险评估，及时发现和解决潜在的安全隐患。

（4）加强员工培训

对从事数据管理和处理工作的员工进行隐私保护意识培训，确保他们理解和遵守相关的隐私保护政策并采取相关措施。

通过加强数据管理、保护用户隐私，城市物流共享配送平台可以与用户建立信任关系，提升平台的声誉和竞争力。同时，平台严格遵守法律法规，能够为用户的数据安全提供保障。

7.2.8 推广电动车辆，采用环保配送

推广电动车辆、采用环保配送是在城市物流领域推动可持续发展的重要举措。电动新能源汽车具有低碳环保、减少尾气排放、降低噪声污染等优势，因此在城市物流配送中大量采用新能源汽车可以有效改善环境质量，提高城市居民的生活质量。

首先，推广电动车辆可以减少尾气排放，改善空气质量。传统燃油车辆在运行过程中产生的尾气排放是城市空气污染的主要来源，而电动车辆的零排放特性可以有效降低尾气排放对环境的影响，改善城市空气质量。

其次，采用环保配送可以减少噪声污染。电动车辆相比传统燃油车辆具有更低的噪声水平，尤其适合在城市繁忙的街道和居民区进行配送，有助于减少城市噪声污染，提升居民的生活品质。

在实际操作中，可以通过以下措施来推广电动车辆、采用环保配送：

（1）政策支持

政府可以出台鼓励使用电动车辆、清洁能源车辆、无人驾驶车辆等的政策，包括但不限于减免车辆购置税、提供充电设施建设补贴、给予补贴和优惠、划定低排放区域和时段等，以促进配送平台使用电动车辆、清洁能源车辆、无人驾驶车辆等。

（2）提供充电补贴和优惠

对使用新能源车的配送平台提供充电补贴和优惠，促进配送平台购买

电动车辆。同时，加大城市范围内充电设施的建设力度，提高电动车辆的使用便利性，解决充电不便的问题。

（3）宣传推广

通过宣传和推广活动，提升公众对电动车辆的认知和接受度，鼓励更多的人使用电动车辆进行环保配送。

推广电动车辆、采用环保配送可以有效降低城市物流配送对环境的影响，改善城市环境质量，促进城市可持续发展。

7.3 本章小结

通过本章的研究，我们可以看到，城市物流共享配送平台的发展和运营面临着一系列挑战，包括交通拥堵、环境污染、数据管理、用户隐私等方面。同时，我们也提出了相应的对策，以应对这些挑战。

在未来的城市物流发展中，我们需要继续关注并解决这些挑战，努力推动城市物流共享配送平台的可持续发展。我们需要更加密切地结合城市规划和交通管理，促进物流配送的智能化和现代化，推动绿色配送和低碳物流的发展。同时，我们也需要注重数据安全和用户隐私保护，构建更加健康可持续的物流生态系统。

在城市物流共享配送平台的发展中，我们需要政府、企业、高校等各方共同努力和合作，共同应对各种挑战，推动城市物流配送的现代化和可持续发展。只有通过各方共同努力，城市物流共享配送平台才能实现可持续发展，为城市居民和企业提供更加高效、便捷、环保的物流服务。

参考文献

[1] TANIGUCHI EIICHI, THOMPSON R G, TADASHI YAMADA, et al. City logistics : Network modelling and intelligent transport systems [M]. New York：Emerald Group Publishing Limited，2001.

[2] 方虹. 城市物流研究 [M]. 北京：高等教育出版社，2006.

[3] 崔介何. 论城市物流体系建设 [J]. 开放导报，2011 (5)：21-25.

[4] 夏春玉. 现代物流概论 [M]. 3 版. 北京：首都经济贸易大学出版社，2013：17.

[5] 王之泰. 城市物流研究探要 [J]. 物流技术，1999 (1)：25-27.

[6] 范静静，周晓光，杨萌柯，等. 城市末端快递配送现状及共同配送模式研究：以北京市海淀区为例 [J]. 物流技术，2016，35 (7)：24-28.

[7] 徐青青. 现代区域协同物流系统研究 [D]. 天津：天津大学，2003.

[8] 温卫娟，邬跃. 我国城市配送形势分析及发展策略 [J]. 中国流通经济，2014，28 (9)：46-51.

[9] 徐俊杰，曹曦. 城市快递共同配送的演进动力与网络组织研究 [J]. 现代城市研究，2020 (6)：26-32.

[10] 杨萌柯，周晓光. "互联网+" 背景下快递末端协同配送模式的构建 [J]. 北京邮电大学学报（社会科学版），2015，17 (6)：45-57.

[11] 胡云超. 城市物流可持续发展研究：城市货运交通管制情景下城市配送发展研究 [D]. 北京：北京交通大学，2013.

[12] 王嘉霖，张蕾丽. 物流系统工程 [M]. 北京：中国物资出版

社，1990.

　　[13] 潘浩德. 如何建立高效的物流的体系 [J]. 物流技术与应用，2000 (3)：47-49.

　　[14] 陈倬. 基于脆弱性分析城市物流系统安全性研究 [D]. 武汉：武汉理工大学，2007.

　　[15] 韩丽娟. 城市物流共同配送模式研究 [D]. 武汉：武汉理工大学，2013.

　　[16] 文永丽. 共享资源理念下宁夏贺兰工业园区公共仓储的发展研究 [J]. 物流工程与管理，2019，41 (8)：50-53.

　　[17] 邵举平，徐建华，孙延安. 基于 Swap Body 技术的城市共同配送模式研究 [J]. 物流技术，2015，34 (7)：11-13.

　　[18] 中国仓储与配送协会. 物流标准化建设十个方面经验 [C] // 2022 年中国仓储配送行业发展报告. 北京：中国商业出版社，2022：161-164.

　　[19] 张茜茜. "地铁+电商" 模式物流配送体系研究 [J]. 城市轨道交通研究，2022 (1)：241-242.

　　[20] 周晓晔，崔瑶，何亮，等. 基于地铁—货车联运的物流配送路径优化 [J]. 交通运输系统工程与信息，2020 (3)：111-117.

　　[21] 崔瑶，周晓晔，何亮. 基于地铁—货车联运的动态配送选点—路径问题 [J]. 铁道学报，2023 (1)：9-19.

　　[22] 贺韵竹，杨忠振. 自营货车与公交车协同快件配送优化 [J]. 交通运输工程学报，2017，17 (6)：97-103.

　　[23] 李浩宇，熊文杰. 基于智慧物流的货运公交车城市配送模式对城市发展的影响研究 [J]. 物流工程与管理，2022 (5)：85-89.

　　[24] 周欢，刘媛媛. 株洲市 "物流公交化" 配送系统研究 [J]. 湖南工业大学学报（社会科学版），2018，23 (4)：26-31.

　　[25] 万志涛. 智慧社区背景下社区末端配送策略研究 [J]. 全国流通经济，2018 (36)：15-16.

　　[26] 彭勇，任志. 公交辅助无人机的城市物流配送模式研究 [J]. 计算机工程与应用，2024，60 (7)：335-343.

［27］李言锋，赵越，何胜学. 无人机协同骑手的小城镇外卖配送路径规划［J］. 中国水运（下半月），2023，23（8）：50-52，55.

［28］钱诚. 数字技术赋能城市公共服务的探索与实践［J］. 发展研究，2023，40（4）：24-30.

［29］张书维，秦枭童，张晓会. 中国公共服务动机研究的自主化：起点、原则与路径［J］. 南京社会科学，2023（4）：73-81.

［30］胡晓静，钱慧敏，曲洪建. 物流企业"智慧+共享"模式研究［J］. 东华大学学报（自然科学版），2020，46（1）：156-162.

［31］朱广忠. 我国政府在公共事业管理中的主体职责［J］. 中国行政管理，2007（9）：52-55.

［32］申轲雨. 物流政策对提升城市物流竞争力的影响研究［D］. 北京：北京交通大学，2019.

［33］石兆. 国外共同配送体系建设实践及经验借鉴［J］. 山西科技，2019，34（3）：76-79.

［34］产娟，韩永生，刘彦平. 城市物流共同配送模式与系统架构设计研究［J］. 城市观察，2013（4）：109-116.

［35］王磊. 国外城市末端物流配送发展经验及其借鉴［J］. 物流工程与管理，2017，39（7）：16-19.

［36］程海星，马燕强. 共同配送发展的国际经验与借鉴［J］. 物流技术与应用，2013，18（4）：76-79.

［37］肖纯，文劲军，王艳红. 发展我国零售业态下的共同配送模式：日本 7-11 便利店物流革新的启示［J］. 物流科技，2006（11）：27-29.

［38］HUAWEI. 伦敦和布里斯托尔领跑英国智慧城市发展［EB/OL］.（2016-05-17）［2023-12-31］. https://www.huawei.com/cn/news/2016/5/UKs-leading-smart-cities.

［39］杨海坤，章志远. 中国特色政府法治论研究［M］. 北京：法律出版社，2008.

后记

《面向资源共享与公共服务的城市物流共享配送平台研究》这本书的完成，标志着我对城市物流共享配送平台的研究和探索取得了重要的进展。首先，要感谢我的家人和朋友。在写作的过程中，他们一直给予我精神上的支持和鼓励，让我能够专注于创作，从而完成本书的撰写。其次，也要感谢我的导师中南财经政法大学的董慈蔚教授，他给予了我许多专业的指导和帮助。再次，要衷心感谢所有参与本书撰写的专家学者、同行和研究团队成员，感谢他们的辛勤工作和宝贵贡献。最后，还要感谢西南财经大学出版社及本书的编辑对本书出版工作的大力支持。

在过去的几年里，电子商务迅猛发展，随着城市化进程的加速和城市物流需求的不断增长，传统的物流模式已经难以满足城市快速发展的需求。面对这一挑战，共享经济模式的崛起为城市物流带来了新的机遇。基于共享经济理念的城市物流共享配送平台应运而生，它通过资源共享、信息共享和配送共享的方式，推动城市物流的协同发展。在城市中建设一个由政府主导的公共的、共享的物流配送平台，可以提高物流效率，减少城市交通压力，从而实现可持续发展。

本书旨在深入探讨城市物流共享配送平台在资源共享和公共服务方面的作用和影响。通过对政策与法规的研究和对国内外相关案例的分析，本书深入剖析了城市物流共享配送平台的发展路径与技术支持，探讨了其在提供优质公共服务、促进资源共享、改善城市物流效率等方面的潜力和优势；进一步地，深入分析了城市物流共享配送平台在发展过程中所面临的问题和挑战，并提出了相应的对策建议。

在本书的撰写过程中，研究团队秉持着客观、全面、深入的原则，力求为读者提供一本兼具学术价值和实践指导意义的参考资料。我们深入研究了国内外相关文献和案例，与相关领域的专家学者进行了广泛的交流和讨论，以确保本书内容的准确性和可靠性。同时，我们也将自己多年的从业经验和研究成果融入本书中，旨在为读者提供一种深入理解城市物流共享配送平台的视角和方法，以期为读者提供有益的参考和指导，对推动城市物流共享配送平台的发展和创新有所助益。

然而，本书仍然存在一些不足之处。由于城市物流共享配送平台的发展还处于初级阶段，相关研究并不充分，因此本书在某些方面可能存在遗漏或者偏颇。同时，由于城市物流环境的复杂性和多样性，本书提出的解决方案和建议也需要在实践中不断验证和完善。

未来，我相信城市物流共享配送平台将在资源共享与公共服务方面发挥更大的作用，为城市的可持续发展和绿色物流做出更多的贡献。让我们共同努力，推动城市物流共享配送平台的发展，为建设智慧城市和创造美好生活贡献我们的智慧和力量。

覃兆祥

2024 年 5 月